U0129242

禪拍拍我的肩膀

劉小梅 著

文 史 哲 詩 叢
文史哲出版社印行

國家圖書館出版品預行編目資料

禪拍拍我的肩膀 / 劉小梅著 -- 初版 -- 臺北
市：文史哲, 民 103.11
頁；　公分（文史哲詩叢；121）
ISBN 978-986-314-230-0（平裝）

851.486　　　　　　　　　　103022634

文 史 哲 詩 叢　121

禪拍拍我的肩膀

著　　者：劉　　　　小　　　　梅
出 版 者：文　史　哲　出　版　社
http://www.lapen.com.tw
e-mail：lapen@ms74.hinet.net
登記證字號：行政院新聞局版臺業字五三三七號
發 行 人：彭　　　正　　　雄
發 行 所：文　史　哲　出　版　社
印 刷 者：文　史　哲　出　版　社
臺北市羅斯福路一段七十二巷四號
郵政劃撥帳號：一六一八○一七五
電話 886-2-23511028 · 傳真 886-2-23965656

實價新臺幣四二○元

中華民國一○三年（2014）十一月初版

我僅是一棵菠菜

自　序

　　耕耘十五年，贏得八個字「文字淺白，意境深遠」，眾口同聲，殆無疑義。感謝，感謝詩壇先進及廣大詩迷給我的精神支撐。近年來重病纏身，心靈歸隱，能夠交出這樣的成績單，殊堪告慰。尤其去年遭逢生死關卡，差點命喪黃泉，多虧菩薩緊急搭救，終於轉悲為喜，倘若沒有這段佛緣，此書絕不可能問市。有專家說我的詩是「高僧在說普通話」，我雖不是高僧，但宗教對我一生確實影響至鉅。五福壽為先，若無生命健康，任何打拼都是奢談。因此決定借此篇幅，言簡意賅地聊聊我的「兩把刷子」：宗教與文學。

　　速食時代，沒人有閒情逸致慢慢聽講古，話說咸豐年間……我們就單刀直入吧！皈依佛門三十餘年，四十二歲開始精進，五十一歲開始苦修。或許是因緣成熟，某夜菩薩托夢，我已修行圓滿畢業，全班同學都取得開業執照，一人一張，唯獨我榮獲兩百多張證書，成績超優，木棉花開，驪歌聲起……，當時真有種飄飄然的感覺，「十年寒窗」啊！從此心心念念想開個佛堂，菩薩讚許棟樑之材，賜名「居心寺」。一個「寺」字，突然讓我心生猶豫，剃度要守五百戒，我能做得到嗎？體檢報告我營養不良，這如何是好？接下來的三個月，多次前往龍山寺抽籤，菩薩看我心生障礙，要我深思熟慮，想好未來「究竟」，以免落髮又還俗。我再度叩問，若選擇文學做個詩人，可有前途？籤象大吉：天生我才，應善加珍惜，切勿妄自菲薄。於是當下回應，我願回歸文學。紅塵即道場，詩人也可福國利民，就憑一支筆？是，就憑一支筆。說「寺」太沈重，於是改名「居心堂」。我非住持，一個自我進修的小小佛堂的主人而已，從此，正式將自己定位成「文學分子」。

　　「文藝之船」開航啦！起步晚，猶未遲。近幾年疾厄接腫而至，引起許多親友關懷，我說，勿念。「在家住院」亦可寫詩，怕的是懈志！一桌好菜，必備兩個條件：一個是食材，一個是技術。我的食材來自五種途徑：看報寫詩，看圖說故事，禪詩靠頓悟，情詩來自回憶，山水天下一個樣，這樣的食材堪稱豐盛。有道是「戲法人人會變，各有巧妙不同」，我無法端出牛肉，田園蔬果也清淡有味。唯一難的是「禪詩」，別看它短短小小，超 Q，吃起來愈嚼愈帶勁，套句商業用語，「有固定的顧客群」，人見人愛。有人問禪詩如何寫？我把它分成三種境界，一是「見山是山」，二是「見山不是山」，三是「見山還是山」。繞了一大圈，最後還是回到最初，直指本心，接下來的，就讓作者讀者自己去「參」了。

　　說起「代表作」，真的難倒一缸子評論家，大家都說「難選」，因為每一首都經過「品管」。色素未添加，防腐劑未添加，甚至無糖，如同黑咖啡，就是有人愛。「居心堂」就像「GMP 大藥廠」，專治人生疑難雜症，有病治病，無病強身，有效！精神病患適用，健保不給付，全自費，喝過的人都想再喝，怪哉！我們是純手工製作，無法量產，隨時可能缺貨。這年頭，原物料每天都在漲，唯獨詩人還是維持「愛心價」。

　　Well，忽然想起有一首「散心」（《雕像》第 26 頁），大概可算「代表作」，所有詩論家都不會錯過，特錄於下：

漫步湖邊
冷不防
被垂柳吻了一記

我立刻興師問罪
他囁囁嚅嚅地答道
都是
風
幕後主使

　　真個是「有心栽花花不發，無心插柳柳成蔭」，我就帶著它到「夫子廟前賣學問」，後果不堪設想！

　　還有一首詩「一棵菠菜」（《驚艷》），超紅，真的是始料未及。有一次上電台叩應節目，訪談後「詩迷」不斷，我特地找出來在此一提：

不錯
我是一棵菠菜
我僅是一棵菠菜

沒有傲人學歷

也不位高權重

沒有桂冠光環

也不腰纏萬貫

我僅是販場中一棵卑微的菠菜

臉不厚

心不黑

舌無毒

腹無劍

我僅是田園中一棵樸拙的菠菜

能夠繁衍千秋萬代

靠的是天

　　　是地

　　　是人

能夠逍遙五湖四海

憑的是真

　　　是善

　　　是美

不錯

我是一棵菠菜

我僅是一棵菠菜

可我永遠都是植物史上

無可替代的一員

　　這首詩是「早年之作」一片純心，零世故，實在看不出什麼高樓上策，但詩迷們認為，它鼓舞了全天下的「永無出頭天者」，深受小人物愛戴，這算不算阿Ｑ精神？想不到詩竟有如此巨大的影響，也讓我覺得「詩人」這門行業真是任重道遠。

　　還有一首「耶誕夜」（《今夜有酒》104 頁），反應也十分熱烈。節錄於下：

…………

遠方的耶誕鈴聲

隱約響起

幸福的影子

在燭光與酒盅間晃漾

我的那些被人耳語似是而非的情人們

都去和他們的情人

過耶誕夜了

星星月亮也去了

穿馬靴的雲也去了

噴水池的微笑

也去了

　　這是一首分手後的情詩，輝映著千古詞人李清照那種「淒淒慘慘戚戚」的況味，說它超夯，真的不臉紅。許多詩迷告訴我，完全寫到他（她）們心坎裡去了，情人節沒有情人的深度落寞，但從頭到尾都沒提到「寂寞」二字，寂寞在骨子裡，讀過的人都有這種感覺。有位讀者想翻譯成外文，我欣然同意，後來如風箏斷線，沒下文了，無妨，開心就好。以上這三首舉例，都是我的「前半生」之作，有突破性的，有震撼力的，「自我感覺良好的」，以及所謂「精髓」，都在後面幾本。近年來因為重病，鮮少跟群眾互動，已經很久沒聽到讀者的心聲了。

　　2014 年 3 月 7 日，收到大陸安徽省淮南師院詩研所所長陶保璽教授寄來的五萬字詩評（新版），喜出望外，心想我這個很小很小的詩人，怎會驚動到遠方很大很大的大學殿堂的所長？！除了感謝，還有感恩，希望我早日康復，儘快回返詩壇，努力做個「文學分子」，此生足矣！

　　掐指算算這已是我第十本詩集了，（含實驗之作），歲月每天都在巷口叫賣而過，時鐘滴滴答答催人老！菩薩要我想清楚未來「究竟」，我無法像佛一樣「千處祈求千處應」，但願能夠「苦海常做度人舟」，以詩，詩人總是自不量力。此書即將付梓，還是要感謝老搭檔文史哲掌門人彭正雄先生，以及辛苦參與校對的人員，合什！

2014 年 3 月 16 日寫於「居心堂」

禪拍拍我的肩膀

目　　次

我僅是一棵菠菜 ……………………………………… 1

自　　序 ……………………………………………… 1

生活協奏曲（275 帖）………………………………13

古　　剎 ……………………………………………152

遺　　老 ……………………………………………154

峰　　會 ……………………………………………156

戰　　場 ……………………………………………159

春　　郊 ……………………………………………160

天　　下 ……………………………………………162

醞　　釀 ……………………………………………164

合　　唱 ……………………………………………165

踏　　青 ……………………………………………166

主　　角 ……………………………………………167

古　　燈 ……………………………………… 168

庚午夜 ………………………………………… 170

美術課 ………………………………………… 171

叩叩叩 ………………………………………… 172

春還遠 ………………………………………… 174

傘之旅 ………………………………………… 176

涼亭外 ………………………………………… 178

浪淘沙 ………………………………………… 179

今日特餐 ……………………………………… 180

蕃茄之夢 ……………………………………… 182

喝著燈光 ……………………………………… 184

草堂心事 ……………………………………… 185

照片旅遊 ……………………………………… 186

木棉花下 ……………………………………… 188

魚和松樹 ……………………………………… 189

關掉黎明 ……………………………………… 190

準備鼓掌 ……………………………………… 192

和平事件 ……………………………………… 193

單車的一天 …………………………………… 194

也是景觀 ……………………………………… 196

桃花深處 ……………………………………197

閒的進行式 …………………………………198

又是情人節 …………………………………199

口哨進行曲 …………………………………200

櫥櫃上的帽子 ………………………………202

金針花的早餐 ………………………………204

我們共同走過 ………………………………206

從肚腸出發 …………………………………208

窗戶娓娓說著 ………………………………209

夕陽已經西下 ………………………………210

玫瑰　茶壺　三明治 ………………………212

從發芽到落葉 ………………………………214

陽光還在烏雲後 ……………………………215

儘管陽台坐滿春 ……………………………216

殘缺已從邊緣出發 …………………………217

所有情話都已長大 …………………………218

全世界的陽光一樣溫暖 ……………………219

夏日最後一場盛宴 …………………………220

【附錄】

暗香疏影中她拎著受傷的地球疾步走來……陶保璽…221

生活協奏曲（275 帖）

◎之一

梳洗的清清爽爽
一杯咖啡端坐餐桌
閱讀

有風自窗口涉入
翻頁
它們在討論什麼？

我提了一壺剛煮沸的
思想
過去加溫

◎之二

站在台面上的可是
芭蕉？
它的夢
終於煮熟

◎之三

落花敲響
石頭的夢
海浪故意沒有聽見

船伕翹首以盼
英雄何在？

艙裡坐的不是空
是歲月

◎之四

專心聆聽
花開
楊柳垂耳
茶壺堅決放下
忙碌
屋簷也暫時忘掉
自己的高度

◎之五

森林販賣的
說穿了只有兩個字
青蔥

唯一的調味料是
薄薄的霧

食用方法多種
用腳吃
眼耳鼻舌身均可

◎之六

欄杆猶在
燈依舊
陽光四季來此散步

曾經將相
曾經花木扶疏
如今只剩
影子

◎之七

老樹盤據
茶館外
遊客進進出出
大家都讚他
身強體健

他說　我跟你們穿
同樣品牌的
時間

◎之八

僧看荷花

抑或

荷花看僧

歲月將他們的風姿

一起入鏡

◎之九

和蒼松一起徜徉

草坪時光

是躺椅一生的夢

偶而李白也會來此

共看明月

◎之十

來者可是雨露
去看看窗外

屋內話舊
撢撢春寒

別問燕子有無消息
這些年
我擅長煮禪

◎十一

小路彎彎
旅客絡繹於途

石頭無言
只是謙卑鞠躬

生意興隆
花樹笑的合不攏嘴：
我們賣的是
不同

◎十二

衣服把人
玩成各種款式
縫紉他的自由

◎十三

閒來無事
貓咪到庭院散心
和蘭花相談甚歡
聊些什麼？
我問
牠說　我們想
買點春光敷臉

◎十四

廣場前
廟宇滔滔不絕說著
信眾紛紛掏出紙筆
全神貫注寫著
我上下左右看了一遍
只發現一個字
空

◎十五

燈下品詩
竹影搖曳
明月穿窗而入

嘉賓雲集
今夜

最後抵達的是
一縷茶香

◎十六

展讀
書桌前
泡了一杯濃濃的夜

一不小心
倒了滿地
感覺

◎十七

紋身
以忙碌

恍然抬頭
春已盡

一江風月
裝入酒瓶中
帶回家
慢慢斟酌

◎十八

廟裡誦的是
哪卷經？
問櫻花
它們每天都趴在屋頂
傾耳

◎十九

柵欄外
天寬地闊

摘一朵雲
泡茶

珍藏在甕中的
喜悅
一傾而出
桃花緊急綻放

◎二十

所有窗扉一致
開啓
向風敬禮

庭院　草蓆　花瓶
以及滿園的綠

春在枝頭廣播
繽紛馬上就到

◎廿一

花在字裡行間
奔跑
汗水涔涔
別再被詮釋成
淚
倦極
她就啃著書香果腹

◎廿二

那鋪天蓋地而來的
雨啊
捎來初冬的信
催繳
歲月

◎廿三

躺在舺舨上
絮絮叨叨
年青的夢
兩人的曾經

海水正藍

回憶的大餅
食材是
陽光

◎廿四

水晶瓶裡裝滿
晨光
以及百合姐妹
透明的心事
諸多煩惱暫時放下
今天樂活
以粉紅

◎廿五

想起臥龍先生
立即前往書中拜訪

天下大事盡在此
他慢悠悠地指指

這種茶
生津回甘
陳香馥郁
嚐嚐

◎廿六

豎琴特地為它
演奏一首心曲
酒甕噙著淚……

◎廿七

聽古琴
飯山水
梅花不願封侯
日月肝膽相伴
知音何需多

◎廿八

都是看著窗外
茶壺與鳥籠
意見不同
爭辯一個下午
把花的耳膜吵破了

檸檬嘆息：
我這一生都在為
天下大事
心酸

◎廿九

所有腳步離去後
公園裡只剩
夜

小草偷偷和風聲
交易
不小心被月色撞見

明早
看它如何對世界
演說

◎三十

街上剛好無人
我和風在路邊雅座
茶敘

侍者端來一盤
光陰：
這是此地最著名的
美食

◎卅一

在趕往美好的途中
石英錶
高度期待著
聽說前面風景絕佳

它匆匆忙忙鑽進
人群　發現
春也在排隊
看瀑布

◎卅二

偶而幸運看到彩虹
小象與大佛一起
快樂禪修
有時雨也參加

◎卅三

持筆
蘸著燈光
構築了一棟堅固的
華廈
很快就住滿
詩

◎卅四

風彈奏著
竹葉
夢　醉倒
湖中
時間剛從身邊經過
酒香未散
春
已老

◎卅五

形形色色吊花
粧點著紅門
富貴已遠

階梯迴旋
藤蔓努力攀爬
他們都想
更上一層樓

◎卅六

對奕
竹筏上
天地靜默
棋不語

最後一子
誰都不敢出手

◎卅七

舢舨躺在水上
休憩
聽　幸福的腳步
正在靠近

今天我們的菜色？
山問

日月
煎煮炒炸均宜

◎卅八

肚大幾許
問葫蘆
看它纖巧玲瓏

不大不大
它說
剛好裝滿
春夏秋冬

◎卅九

酒杯裡盛著八分
秋光
所有勞動者的辛苦
全泡在酡紅中

至於葡萄
連影子都被榨乾

此刻
大家喝著笑

◎四十

鞋子裡裝滿
筆
一直住在書桌上

對於文字
最近有點食欲不振

到戶外看看
能否買到一些
公平正義
加菜

◎四一

時間嚴重短缺
想跟朋友借貸一下

大家都苦無對策：
我們正在思考如何
種植

◎四二

生之契機油然浮現
大哉海
當日出叫醒它的時候

天涯咫尺
鳥已先登
我的眼比牠早到
贏

◎四三

深入
再深入
問問梨花有無路
她親切地指指：
勇往直前繼續走
出口就是成功路

燈會在那兒
等你

◎四四

年年的戲碼
立春

把夢褶疊好
天亮就出發

◎四五

過早起床
驚嚇了繡球花
她以為天道反常

蕃茄汁
楞了一下
麵包也議論紛紛
滿屋聒噪

就在這是非時刻
陽光挺身而出

◎四六

落 花
聽 僧
說 禪
終 於 覺 悟
活 著 就 要 盡 情 綻 放
莫 嫌 枝 瘦

◎四七

少 年 坐 在 碗 中
用 力 划 行

風 大 浪 高
前 進 或 者 後 退 ？

不 能 沈 沒 啊

意 志 告 訴 他
戰 海 就 是 戰 心

◎四八

一頂帽子
壓垮一群人
曾經

沒人敢掀它的底細
除了風

◎四九

雲來時
海風驟起
樹葉紛紛逃亡

我得留下
時間說

◎五十

浮萍海藻
望塵莫及

孤木
昂然向天伸長

它每天都在琢磨
如何演好自己

◎五一

幸福何在？
水鴉答
身邊的漣漪

說著說著
游開一條路
啄啄羽毛
抬起頭
陽光正在微笑

◎五二

不管如何裝飾
如何標新立異
那個壺
永遠謹守著
祖宗家訓
大度

◎五三

一隻魚向花
滔滔不絕
我的價值只是這個
缸？
他們要我游出
仰式蛙式自由式
我要游出世界第一個
魚式

◎五四

樹　一整天
都在聆聽
人們的喘息
有空來坐坐
本店專賣
禪

◎五五

被邀請
與牡丹一起
為畫展剪綵
絲瓜受寵若驚
這幾天它日夜忙著
開心

◎五六

柚子太肥
引起鄰居訕笑
它還振振有詞：
心寬才會體胖
不像時間
怎麼補　都是
愈吃愈瘦

◎五七

那棵樹
長滿文字
吃風喝雨
最愛穿一身
月色

◎五八

觥杯交錯
那一桌
連海都側目

所謂成就
等於
淚

來一盤
極品干貝

◎五九

香草自由自在
蔓衍著
閒來無事
就和溪邊小花聊天

夕暮了
飛鳥過境
它總熱情送些
美
給牠們佐餐

◎六十

屋內一片黑暗
我全力以赴
試圖打撈一點微光

燈搖搖頭：
我不敢明亮

◎六一

只不過是一尊雕像
廣場上的戰士
手握劍戟
賣力抗爭
為的是除暴安良
琥珀秋光每年來此
向他敬酒禮讚

◎六二

群鳥好奇觀看
樹下人兒聚精會神
研究什麼？

結論是：
他讀書
我們讀他的腦袋

◎六三

天光從葉縫灑下
久雨蒼鬱的叢林
笑展顏開

誰家紅門深鎖
鳥雀輕敲

稍歇後
開始跋涉
春天早在前方
呼喊

◎六四

貞靜秀美的白蓮
想了很久
終於勇敢漂向
日夜守衛她的石塊：
讓我們共看明月

◎六五

樹蔭下
樂觀與悲觀
深度對話

草坪鮮嫩
時間如蜂蜜滴落

白兔豎起耳朵
傾聽：
成敗都是英雄

◎六六

小樓聽雨
青山　綠樹　燈

我在白牆上
寫詩
用
心
挽留黃昏

◎六七

整排燈
站在橋上
看盡春夏秋冬的
臉色

它們還是勇於散播
光明
不管夜的勢力
多麼龐大

◎六八

誰呀

別以為躡手躡足

我就聽不見

啊　端午來了

請進請進

◎六九

頭髮與月亮相遇

前世註定

今生牽手

未遲

◎七十

那滴落的雨聲
可是伊的
淚

今夜獨角演出
品茗

何時
影子從勺裡出走

◎七一

果真
榕樹在讀金剛經

陽光輕輕走過
風輕輕
老
也輕輕

◎七二

看見五顏六色
爭妍鬥艷
湖做了一個綺麗的
夢

醒後
她決定還是
做自己
獨一無二

◎七三

迎春
以奔騰之姿
飛越柵欄
就是美麗平疇

◎七四

邊走邊聊
兩隻鵝想去看
新屋銷售

物美價不廉
我們還是回去
住河吧

天地多少坪？
你說

至於格局
我的心是正方形

◎七五

周日出門逛逛
想買
禪
踏破鐵鞋無處覓
他在背後拍拍我：
街頭巷尾都是

◎七六

蜜蜂不願效法
慵懶
我趕緊收拾起
掉落在地的
心情

今天我們談談
雙贏
日曆催促著

◎七七

夕陽在門外閒逛
屋主請它進來
喝杯咖啡

它說　不用客氣
我剛好路過
順便看看你們庭院的
月季花

◎七八

長廊寂寥
唯　燈
獨明

之所以成為焦點
是因
夜黑

◎七九

一夜暴虐
不可曰不可曰

抵擋
以纖細的髮絲

天亮

向生命歸隊
我用力扛著一身
疲憊

◎八十

一抬眼
陽光正趴在窗口
往裡瞧

屋裡的歲月
緊急會商

光明正大過日子
燈說

◎八一

小草在岸邊歡呼
河水果然加速
奔流
風也跑來吶喊
唯有時間
不肯隨之起舞
它說　我的
影響力太大了

◎八二

別說它們沈默
個個都看盡人生
誰能比得過
石子
千秋萬歲

◎八三

喝咖啡
把窗外的風景一起喝下
把初冬薄薄的陽光
一起喝下
把溪流的潺潺聲
一起喝下
把許許多多的句點
一起喝下

◎八四

燈在閱讀
夕陽　歸舟　海

戀美也是
慾

禪
不是淡水魚丸

◎八五

難得清閒
時間在茶座上
休憩

看著看著
和窗外的樹
聊了起來：
原來我們的最愛都是
自由

◎八六

躺在天空的
可是雲海
看　那身段
連老僧入定的
蒼松
也為之心動

◎八七

放眼一片青蔥
這就是我們的
天下大事
兩張椅子
耳鬢廝磨

◎八八

心血來潮
麻雀硬是吵著
要跟孔雀比紅

不動聲色的孔雀
突然展開
華麗的羽毛

松鼠讚歎：
啊　國色天香

◎八九

香水百合在門外
站崗
笑口常開

看　她又在那兒
癡癡地等

原來是
一輪明月經過

◎九十

月曚矓
夜曚矓
人兒曚矓
是非也朦矓

千萬別看清楚
時代說

◎九一

仙鶴踱來踱去
意欲啣起
一江山水

太陽鼓勵牠
你一定辦得到
用眼

◎九二

熒熒一燈
幽幽傳來
黎明前的光亮

趁機　把夜
打掃乾淨

今早第一個訪客是
冷

◎九三

如何讓花生相信
我們是朋友
早餐會
氣氛緊繃

我的食慾被它說成
殺戮

仇恨迅速萌芽

◎九四

推卻所有邀約
白兔選擇與胡蘿蔔
共度周末
看牠得意的模樣
夕陽都眼紅

◎九五

非 常 忙 碌
蜜 棗 和 蓮 霧

紅 的 滋 味
鎂 光 燈 全 到 位

它 們 照 常 早 餐
叩 叩 叩
如 來 會 上 一 藏 經

◎九六

日 月 都 曾 來 此
品 茗
初 蕊 茶 香
聞

匆 匆 人 生
坐 坐 就 好
把 感 覺 帶 在 身 上

◎九七

春滿乾坤
時間在櫻花樹下
招手

上山前
先把自己的顏色放下
一致桃紅

◎九八

荷葉上的青蛙
無所事事
蓮蓬逮到機會
向牠說法

青蛙不以為然：
我每天都非常認真
呱呱

畫家說：讚
應該好好提拔

◎九九

海螺將自己的心事
藏在堅硬的殼裡
只以美麗的外表
發言
人們看到的它
永遠都在微笑

◎一○○

關於明天的繁花盛典
該如何穿著？
貓咪佇足
牠想聽聽棕櫚的建言

你這一身潑墨
加點禪味
大師也

◎一○一

雨音勁揚
大批文字在桌上
集合
它們正準備
即興演出
今天

◎一○二

天搖地動
整座城市都在
顫抖

試試看
能否以微弱的心跳
抵擋

無權無勢的
小葉片啊

◎一〇三

橄欖薄荷與咖啡
滿桌的
時光

未必是貴婦
只是閒愁
花果陪她一起消磨

我試著走進她的
內心……

◎一〇四

每一個音符的臉上
都寫滿憂鬱
吉他低訴……

燕子啣來一把鑰匙
打開它的心扉

花開了
絲瓜肥了

◎一○五

且看紅塵遼闊
兩杯果汁難得相聚

無言
不談寂寞

月圓
打破沈默

隨緣
何日能再見

◎一○六

四面楚歌
十面埋伏
花還是決定
勇敢綻放

◎一○七

屋裡住著許多故事
主人遠行
灰塵替他管理

茶壺念舊
每天看著牆壁出神
人去字猶在
墨
已乾

◎一○八

老是被人看
星星樂於布施
歡喜

這也是利益眾生
祂說
世界太黑暗

◎一〇九

鋪天蓋地而來的
冬
強勢霸凌公園
所有花木瑟縮著

◎一一〇

若有所思
一尊觀音悠悠望著

深不可測
夜之睛

眾生無心
他們只知在冷中
飛奔

◎一一一

鍋碗盆瓢
集體拉高嗓門
叫囂

說抗議太沈重
我們只是在
釋放青春

咚咚咚咚
啊　星戰

◎一一二

一杯茶
在水邊禪坐

閉目
滌心

任
風景走過

◎一一三

人賞花
還是
花賞人
鋪天蓋地的美

小心　慢走
別被春
擠掉鞋

◎一一四

一隻手
將大樓
玩弄於掌
他的名字叫
權勢

◎一一五

看著散會後的禮堂
人去座空
菊花一語不發
只是默默遙望整排
華麗的燈
剛才這兒還
掌聲如雷

◎一一六

美的極致
雪

我只想見證
這世界可以容許活著
純純的
白

◎一一七

一隻鳥在用心剪裁
這座島嶼
以牠小小的喙

別干擾
牠自有眼光
我們唯一能幫忙的是
訝異

◎一一八

當夜來臨
我總醒著
看　黑
如何張牙舞爪

◎一一九

前進杭菊園
小蝸牛馱著自己的
生日

一對石雕緊急會商
奏樂
禮砲九響

◎一二○

能說的事
都已告訴天空
屋角封口
它現在只想看看
落日餘暉

◎一二一

那盞燈
從不逢人叫賣
功績
只是靜靜坐著
發光
曾幾何時
皺紋已悄悄爬上它的
臉龐

◎一二二

日子向右傾斜

被單急呼推動
陽光法案

今天的主旋律是
雨

◎一二三

依舊嫵媚
夜之河

久後重逢
幾度秋

掛在天上的星星
是否已經長大

◎一二四

恬靜的港灣
停滿舢舨
疲憊的身姿

一陣風
強勢吹過

所有船隻都覺醒
大夥緊密團結著
依偎著

◎一二五

放假了
摘星樓有請

螢火蟲選擇
與巧克力共度周末

來賓不得帶角
江湖暫且平靜

時間保證原汁原味
夜是多邊形

◎一二六

咕嚕咕嚕煮著
異國咖啡香

老宅老歌老友
老老的話
老老的年青……
甜甜的午後

◎一二七

咖啡館外的長椅
被交付的任務是
讀街

顧客形形色色
它發現
每天必來捧場的
只有一位
歲月

◎一二八

太極舞展
群木粉墨登場
一橫一豎一撇一捺
每個動作都發揮得
淋漓盡致
連天空都不停地
鼓掌

◎一二九

跟莫內的秘密花園
有數面之緣

每當他晨起散步
總和花朵點頭微笑

走著走著
他就進入畫中消失

我們的相遇
非常藍紫

◎一三〇

雙雙對對從海開始
外交因夕陽締結

時間騎著腳踏車環遊
風在為主義吶喊

白雲登高一呼
思想紛紛趕來度假

◎一三一

路過城市舊地
店招斑剝
窗櫺已朽
當年豪情今何在？
牛頓早已出走

◎一三二

參加夜會的多為
名流雅士
最特殊的貴賓是
虎頭蘭
長袖善舞
她和大夥一起
天南地北談論著
連月光都想
一親芳澤

◎一三三

春色已經來到
湖邊
草木紛紛起床
梳妝
興奮的心情
全寫在臉上

◎一三四

仔仔細細觀察著
前來賞畫的雅士
菊花高度要求
自己的演出

◎一三五

誰在敲門
桃花想進屋裡坐坐
敦親睦鄰

字典靜極思動
一心想飛出窗外
見見世面

隨心所欲
禪師閉目

◎一三六

不是旅遊人間
而是認真地
開展生命

一朵白蓮
臨水照鏡
啊　多麼不凡的
自己

◎一三七

看看自己身裁
酪梨不敢入場

酒罈豁達：
歡喜就好

蘋果一襲紅衫
遙想當年花魁

同學會
風雲準時出席

◎一三八

肅殺
眼神對眼神

猛虎出柙
孔雀忘了美麗

◎一三九

歲月翻牆而入
趺跏老樹被驚醒

葉子說
我去把您的夢
追回來

老樹搖搖頭：
它已遠走高飛

◎一四〇

語言在舌尖上
打轉
它在思考如何
面世
以美的造型

◎一四一

跟街頭巷尾約好午餐
我準時前往

蚊子今天格外開心：
總算有點鮮味
你加了什麼佐料？

牠略為沈吟：
不過是一些剛出爐的
風聲

◎一四二

一路上
杜鵑都在咬耳細語
是今天天空
穿錯了衣裳？
還是出門時
我忘了攜帶青春？

◎一四三

鳶飛魚躍
福滿人間
瓷碟今日聯歡

逛啊逛　擠呀擠
鈔票撥開人群
前面兩位是
如意和吉祥

◎一四四

茶座
今日生意清淡

一棵樹
獨自喝著寂寞

秋終於趕來
另一位遲到的貴賓是
細雨

◎一四五

水缸總是禪坐不語
芭蕉沈不住氣
它喜歡隨著風吹草動
而搖擺

屋內傳出一陣飯香
它萬般放下
趕緊跳牆

◎一四六

誰家音樂？
光陰忘了去旅行

招財樹跟著節拍
學街舞

心內今天很
春天

◎一四七

走向海
詩在那裡等候

雲已先到
衣邊鑲著淺淺的光

天空薄施脂粉
它說
不能每天清湯掛麵

◎一四八

時間是餐餐必點的
主食
其他菜式不拘

人生就是
每天把各種臉色
煎煮炒炸一番

◎一四九

樂章奏起
交響詩在大海
翻騰
以最大的弧

它要讓世人知道
宇宙不是只有
溫柔的月色

◎一五○

坐在文字的邊境
吃著空空的
白

一陣紊亂路過
靜
繼續
咀嚼

◎一五一

一支筆
看著觀音出神
它在思索
一朵小小蓮花
如何能收納
億萬眾生的
信

◎一五二

廣場上充滿
沸騰的心

炙熱燙手
兒童勿近

失物招領
是誰掉落了
溫柔

◎一五三

善良的鴿子啊

藍澄澄　或者
灰濛濛　或者
黑漆漆　或者

你可知道
它們的名字都叫
天空

◎一五四

漫步小巷
跟回憶手牽手
想當年

去市場
買點喜悅
料理日子

今天的晚餐是
細雨　微風　後現代

◎一五五

草原雖已荒蕪
一株粉紅小花仍然
極力奮起
它要親眼見証
冬之鐵蹄如何
橫行霸道

◎一五六

死亡來臨時
別急著舉手投降

試試看　能否
唱支歌
給橄欖樹聽

讓世界見証
你曾有副好嗓音

◎一五七

深呼吸
鼓足勇氣
音符要兌現諾言
爬樹

所有花果都為它
加油
包括整條街的
夏日

◎一五八

堆在地上的框架
等著裝飾別人的夢

或字或畫或相片
那一幕幕的
曾經
煙雲不老

◎一五九

向天
從土地伸出
每一隻手
都骨瘦如柴

◎一六〇

山水撲面而來
暫時放下
手中歲月
漫步人生

天地間
處處陰晴圓缺
帶回家
給腦袋加菜

◎一六一

只是小小
一根蘆葦的願望
舉杯山水
茶敘天地
不看人間臉色

◎一六二

櫻花從不聽人
竊竊私語
它只顧著盡情
綻放
圓滿山的夢想
觀賞請早
轉眼春已老

◎一六三

一葉扁舟
依偎在大樹旁
清閒

它想學學繁忙人生
財源滾滾
但
湖只教它如何盪漾

◎一六四

大紅燈籠
把夜叫醒

清粥小菜
酒
暈黃的光

強力配方
治飢餓　以及
諸傷百損的心

◎一六五

沿石級而上是
竹廬
年青的夢曾在那裡
發芽

今天的早餐是
森林
回憶是鹽
任取

◎一六六

樹影搖曳
它經常約我共度
春秋

月說
這世上沒人比我更懂
什麼叫
寂寞

◎一六七

河流環伺
桃紅柳綠守衛著
莊園

一鶴沖天
拍拍翅膀
抖落滿地春光

鳥雀呼朋引伴
快來撿拾

◎一六八

蜻蜓
趴在樹葉上
望聞問切
敢情是在思考
如何為它療傷

◎一六九

一杯茶
早早起床
它想嘗試解讀
那幅風景的
莫測高深

宇宙就在方寸中
說罷
畫哈哈大笑

◎一七〇

這次燈籠堅持
公休

逛逛老街
看看紅牆綠藤
找找朋友
聊聊退職金

◎一七一

滿地桐花
暴雨後

每一朵都睜大眼睛
極盡微弱地演出
生命最後的
美

◎一七二

站在亭台棲閣身邊
百花仰望
松樹寧願不要那麼
高大
他的夢　其實
很小很小
千萬別成標靶
風雨來時

◎一七三

誰
在身後細語
回眸
原來是
花與春天重逢

◎一七四

陽光在林間嬉戲
忽東忽西

我拎著夢
緩步行進

終於和文學相遇
月雲齊問
你怎麼現在才來？

◎一七五

眾聲讚歎
波瀾壯闊的其實是
雲海

這堂課學的是
胸襟方程式

◎一七六

今天我和風景
有個約會
說好各帶美食

挖空心思
我料理了一鍋藥膳
「歡喜」
相信嗎？
保証跟陳痾説再見

◎一七七

毛筆學舞蹈
鍋鏟要離家去
流浪
書架上的典籍發誓
一定要將蠹魚教成
大師
豆芽笑彎了腰

◎一七八

屋頂春暖
今日花府喜事
貓咪叮噹迎賓

快去開門看看
來了一盆
開運竹

◎一七九

窗外
充滿無限可能
永遠乖乖
坐在桌上的那隻
壺
突然想飛

◎一八〇

春天在大地上
久候
快點快點
果子們
咖啡餐盤以及
香噴噴的麵包
幸福只需一張
草蓆

◎一八一

蘋果的貴賓
包括鳥　兔　和松鼠
花椰菜以及
一點點酒

彩繪周末
音樂也嚷著參加

最後一席留給
甜

◎一八二

天茫茫　水茫茫
鴨群還是列隊
出發

牠們唯一的信仰是
用力划行

◎一八三

初體驗
果子們坐上遊艇
開心地大笑

不敢言
每天蹲在箱子裡
被人嫌來嫌去

放假了
活它個山山海海

◎一八四

一棵樹
獨領風騷
天地都成配角

它的招牌菜是
花開
色香味
加點芝麻

◎一八五

一帖藥
僅是修葺磚瓦
還是弭平歷史滄桑
牆激動

太陽出面協調
拆掉的心
要加倍補償

◎一八六

紅荷盛開
如織遊客
四面八方趕來
都說是
前生約定

水波歡騰橋為媒
恰巧吉日良辰
花　嫁了

◎一八七

清風來訪
與秋碰個正著
老友重逢
今日宜
小酌

◎一八八

音符
神采飛揚
浪花激舞

鋼琴與海熱戀
夕陽
羞紅了臉

◎一八九

一尾錦鯉
優美了整個水塘

逍遙
也是生命大事
牠每天都在革新
姿勢

◎一九〇

穿著整齊劃一的
大紅制服
站崗
山坡上的簡陋餐館
容光煥發

燈籠主張活著就要
用力明亮

◎一九一

　幽幽檀香
　一爐
　端坐
　竹林簡舍

　溪流潺潺
　蛙鳴
　日月每天來此
　巡邏

◎一九二

　是吶喊
　不是哭泣
　大海繼續奔流
　儘管烏雲密佈

◎一九三

咖啡雅座生意清淡
鳥雀幫忙籌謀
妝點窗景
情商天地
呼喚白雲
整條街都被喊醒
人　果真來了

◎一九四

筆硯寂寞
書為伴
蝴蝶縈繞
想進修
秋聲報到：
我也加入這一班

◎一九五

枯枝用力頂住

天空

怕壓垮眾生

別看他細細瘦瘦

硬得很

◎一九六

山水在紙上

頻頻召喚

那些濃雲薄霧

是否都已移民？

松下對奕者

猶在苦戰

勝負說與誰聽

◎一九七

掐得出水似的
飽滿欲滴
鮮紅青春哪

玫瑰望著鏡子
戀戀出神
直到鬧鐘驚醒

◎一九八

永遠躺在沙灘上
它沒聽說過
什麼叫
革命
這是長壽的秘方
鵝卵石說

◎一九九

慕名
刻意求見曙光

對於所有訪客
祂都免費贈送一盒
希望
保存期限三個月

◎二〇〇

老僧入定
終於開眼

布袋蓮說：
等你好久了
拈花怎不微笑？

僧用手指指
問鉢

◎二〇一

鬧鐘從睡夢中醒來
今天它想做點
標新立異的事
諸如把地球穿在身上
或者跟杜鵑在大街共舞
請小人物吃個滷肉飯
為自己的辛勞鼓掌……
出門嘍

◎二〇二

春天在門外
跟陶缶握手
待會兒要來拜訪

紙杯上的猿猴與大象
笑臉互道恭喜發財
星成花勤練謙虛
逢人便鞠躬

來了來了　列隊
歡迎光臨

◎二〇三

猶如困獸
歷經掙扎
女人終於走出
自己的衣服
今後
她將穿著天地行走

◎二〇四

硯台聞香
柑桔聽經
寧靜坐滿書房

毛筆忍不住
一聲咳嗽
嚇跑黃昏

◎二〇五

他們都去追逐
高山流水
我們就在這石桌石凳上
撫摸煙嵐吧

◎二〇六

一股強風
硬從窗縫闖入
意欲搜刮？
唉！
不過是滿屋子
歲月

◎二〇七

不離不棄
腳踏車
每天在街燈下
守候
無論光明或黑暗

它要向世人推介
地老天荒也是一種
美味

◎二〇八

曙光冒出海面
眾生歡呼
祂簡單致詞：
黃昏後只是
暫時歸隱
昨天一夜好眠
現在正是
上昇的時刻

◎二〇九

陌舍座落偏鄉
無力遷居

茶樹心生憐憫：
我願免費送
美
幫你裝潢

◎二一〇

歡呼　瘋狂地
雨中　葉片
集體展示著它們的
年青

◎二一一

天空訪雲
河堤捕風
泡一壺龍井
茶裡看乾坤

◎二一二

小草上學了

聽
一隻昆蟲在呼救

聽
路人的腳在喊痛

今天的課題是
看
土地公出巡

◎二一三

花枝探頭窗外
看
江山如畫

風帆從不為誰
停留
它的任務只有
出航

◎二一四

水蓮從不刻意
裝扮自己
她堅持
活著就要一身
白淨

◎二一五

繁花似錦
朵朵盛妝以待
是專誠等我？

感心啊
隨我而來的還有
光陰

◎二一六

鴨子在書中練習
歌唱
我趕緊放下瑣事
用心聆聽
牠驚訝地望著我：
你是新搬來的鄰居？

◎二一七

一桌盛宴
望著牆壁出神
觀畫

聽多了觥杯交錯
洗耳

誰比它更有資格談
酸甜苦辣

◎二一八

名利匆匆過
山水忙中閒
濯足洗把臉
幸福即好眠

擺擺手
僧隱
山道蜿蜒

◎二一九

裝潢進行式
滿屋零亂

大夥高談闊論
誰是未來主角

時間　意外地
高票當選

◎二二〇

創意如泉湧
裁裁看
要多少縐褶
才能完成一件
美觀又實用的
今日

◎二二一

再也不理會
眾說紛紜
鴿子親自登上屋頂
牠要仔細看個清楚
世界美醜
不需量尺
也不接受以動聽音符
賄賂

◎二二二

白雲與溪流競逐
松柏當裁判

黃昏屢屢示意
岩石不解風情
急煞日月

山中歲月寂寞
盼
紅塵

◎二二三

窗內發生的事
老樹瞭若指掌
但它從不到處
言傳

原因是
那年乾旱
屋主每天給它
一桶水

◎二二四

人看花　花看海
海看天空

天空看著
所有款式的人
表演

◎二二五

空無一人
傘
決定自己看海

寂寞嗎？
一陣風砂路過

搖搖頭
它說　你看
秋坐著船來了

◎二二六

白色小屋與紫藤
談詩
聊的眉飛色舞

明月突然來電
她要訂房三天

◎二二七

落葉蕭蕭
街角花店猶典藏著
小小一方
春天
四季發言
以美

路過時
忍不住青春年少

◎二二八

穿著一身紅
離開城堡
出發

水波祝福它
一帆風順

每個人都慎重其事
開往
夢

◎二二九

帶著山川花木
帶著和平眼神
帶著所有的幸福與
美好
小鹿突然光臨寒舍

我挖空心思
趕緊料理了一桌
友誼

◎二三〇

新運已到窗外
筆墨紙硯
全體出動迎接

快看看我給你們的
禮物：
晴

◎二三一

堅持
一身潔白
鷺鷥聚精會神
眺望著
靈山勝境
草木為之輕狂
時間忘了挪移
夕陽使出全力
為牠燦爛

◎二三二

一出門
遇見冬
好久不見
它邀我逛街
我們不約而同選擇
天空

◎二三三

時間在車站等候
我火速收拾
心跳
以及久已不見的
自己的眉目
重新出發

庭院花草去復來
又是一年
春

◎二三四

崢嶸後
草葉安息
子孫繼續忙著
青春
我每天都在打掃
它們胡亂丟棄的
歲月

◎二三五

黎明已至
黑暗倉惶逃離
鳥雀起飛
開始周遊列國
匆忙中
掉落滿地噪音
吵醒芭蕉

◎二三六

童年笑語
不斷從教室溢出

草木仍舊窈窕
柵欄已老

僅是路過
問候春秋

◎二三七

被指派站在巔峰
眺望雲海
奇石感到榮幸
滿眼盡是柔柔的
白
佐以蒼翠
好一桌盛宴

◎二三八

黃昏
悄悄來到山中
群樹歌唱
它們都想積極把握
最後一點光亮

◎二三九

落英繽紛
大地杳無人跡
一張椅子坐著
滿滿的
空

◎二四〇

至於談話內容
不便奉告
那是鳥兒與曠野的
約定
它們共同歷經
強風暴雨

◎二四一

萬紫千紅
爽眼

素顏涼拌人生
一樣可口

我們的故事
該畫成水墨
還是油彩
親愛的　你說

◎二四二

答應過鬱金香
鞋子要到荷蘭做客

檢查一下行李箱
多帶點新上市的
喜樂

回來買些紀念品
譬如說
平安

◎二四三

陪他看海的
還有許多花果
老樹今天格外興奮

椅子早被陽光坐滿
夢只好站著

一場雨突如其來
這叫夏日放歌
它說

◎二四四

桃花決定
與流水共度一生
群樹舉杯
狂歡

月亮吉時趕到
她的賀禮是
光明

◎二四五

白瓷杯盤上
兩朵微笑小花
散發著淡淡清香

倒入
緩緩倒入
用眼喝咖啡

午後
友誼演出

◎二四六

在鐘錶裡
看見花開
日月星辰永恆閃爍

宇宙無限
試試看
用腦跑完

◎二四七

陽光坐在石頭上
閱讀春天

花木交頭接耳
興奮討論著
彼此的新裝

燕子嘰嘰喳喳：
贏的關鍵是
自信

◎二四八

一隻壺
靜靜坐在桌上
空想

這會兒　它終於
可以用心思考
自己的未來

◎二四九

旭日尚未東升
花草早已起床

椅子開始閱讀
報紙與灰塵
昨日的家
以及 戰後的
片刻寧靜

一隻蟑螂悄悄經過：
哪裡可以敲響和平鐘？

◎二五○

甜美略帶憂傷
音樂從鋼琴中
緩緩飄出……
大海淚流不止

◎二五一

涼亭向晚
楓葉與秋綿綿話舊

青山白雲首度獲邀
參加曲水流觴

葡萄全醉倒了
個個嘴角含著笑

◎二五二

喝酒
還是喝美人？
他喝的是
自己

◎二五三

一直羞紅著臉
康乃馨跟菩薩
到底說了些什麼
窗外的雨不斷追問

◎二五四

我老覺得它們在
眉來眼去　但
桔子和柿子堅決否認

終於做出解釋：
我們是在討論
為何聽到
空襲警報

◎二五五

終於達成協議
垂楊和鯉魚
都可使用池塘
共繁共榮

遊客最想認養的
其實是
寧靜

◎二五六

醉人的花香
春天每年來訪
車站最怕被問
貴庚

◎二五七

松　風
梅　影
酒　晤
修竹在外喊道
稍遲來

抱歉抱歉
剛才發生一點事故
蜻蜓戲芙蓉
整個扇面熱血沸騰

◎二五八

一把鑰匙
旅遊山林
裡面住滿許多
有　　和　　無

臨走
帶回十四公斤的
驚訝

◎二五九

小木屋門前每天
車水馬龍
附近每一根草
都認識它
林木巨樹遠道而來
不恥下問
它說　我的拿手絕活是
利他

◎二六○

長亭外
明月高掛
她特地趕來
為荷花慶生
祝壽團還包括
星星

◎二六一

魚從畫框游出來
為的是
想讀一本好書
想和蝴蝶一起
自由飛翔
想和糖果一起
熱愛世界
想和毛筆一起
跟大家拜年

◎二六二

綠意盎然
拱橋上擠滿
春色

看看池塘
年年模樣

◎二六三

月牙風塵僕僕
趕路
暫宿天空
深情凝望

佛塔兀自閉關
呼吸

待我去敲開它的心扉
夜說

◎二六四

陽光旅遊舍下
欲食人間煙火
吃膩了規矩
想換換口味

◎二六五

趕到時
花海已美不勝收
幸福
隨傳隨到

◎二六六

不經意抬眼
鄰家屋角
懸著長長一串
飽滿小葉
彷彿對著我熱情
寒暄
原來春天就住在
窗外

◎二六七

茶壺一貫内斂
面頰上的淚痕
未乾

燈光握住它的手
幽幽散發著
溫暖

◎二六八

頻頻回顧
驚艷梅花鹿

爐香乍熱
老僧入定
此處可是桃花源？
畫也

◎二六九

公園座椅孤獨望著
草坪
我特地抽空去陪它

左右兩株老樹
快樂閒話

蟬隊賣力競唱
天空被鬧昏了頭

◎二七○

藤編上坐過的花
已經輪迴
生生世世糾纏著
我們相遇
以眼神
緣

◎二七一

秋風颯颯
落葉蜷曲著

屋內的書法中堂
頗不忍心：
進來坐坐
喝碗薑湯
我們家的溫情都是
手工製做

◎二七二

蘋果在公園長椅上
午睡
醒來時
秋光坐在它的身邊
微笑
它興奮地告訴媽媽
我剛剛交了一個
新朋友

◎二七三

今天的早餐是
春光
旅客紛紛就座

窗外飛來一朵白雲
它要和壽星共切
生日蛋糕

可不可以借一下幸福
去拷貝？
青山問

◎二七四（童詩）

牆花盛開
熊寶貝以為家裡
一年四季都是
春天
牠的夢特別香甜

◎二七五（童詩）

小黃鴨環遊世界
搭乘電視
地球可不可以投籃？

老婆婆沒飯吃
趕快找些食物
一口一口餵飽她
咦　金字塔吃什麼？

下一站⋯⋯

古　剎

靜靜矗立著
古剎
它每天定時發言
以木魚
以鐘

聽
大江東去
聽
小貝殼的單身宣言
聽
一粒砂如何號召大家
力展鴻圖

靜靜矗立著
古刹

永遠矗立著
同日月星辰
同路過的每一張
仰望的臉

遺　老

寒流過境
一盞燈
蹲在街角
抖抖擻擻瑟縮著
它在專心聆聽
斑剝的紅磚牆
不停地嘮叨
那些阿土伯金水嬸
它不熟識
唯一能聯想的是
他們臉上共同的印記
皺紋

對街廊下清爽許多

近來
那個衣衫襤褸的
赤足遊民
不知流浪何方
據說他年輕時
曾經輝煌

至於有人稱呼自己
遺老
它不敢當
倒是經常看過春夏秋冬
來來往往

有人唏噓它晚景淒涼
麻雀關心地問
有無知交？
它想想：
夕陽

峰　　會

橘子一大早就忙著
攬鏡梳妝
今天的食品峰會
由它召集

維他命黨
敲鑼打鼓助陣
茄子與九層塔
老友重逢
贏菜和榨菜
準備聯營
噓　商業機密

金牛尾　吊馬墩

是什麼碗糕？
少數民族啦
茴香嫌肉桂
孤陋寡聞

豬隻口啼疫
缺席
活力雞禽流感
病假
總幹事繳交簽名簿

白米麵包首先發難
物價天天漲
衝菜當面嗆主席
立刻遭到驅離
違反議事規則
該當何罪？
禮堂鬧哄哄

罷罷罷以和為貴

朱子說居家戒爭訟
都是求勝主義
桃子打圓場

一整天腦力激盪
腰酸背痛
甜味劑臨時發言
到舞廳動動肢體
發泡錠迅速響應
情況一度失控

不如到雨庵吃個禪
排毒又降火
糒糯帶路

戰　　場

追殺
飢餓的黃貓
卯足全力
以超速

群鳥拍翅驚逃
一隻幼雛
還來不及學飛……

血
被清洗後
周日巷道
看似一切靜好

——2013 年 6 月 23 日傍晚

春　郊

醇酒美景就在前方
但你得謹慎駛過
九彎十八拐
放心
雨刷會幫你擦拭淚痕

想看旭日的還有
鴛鴦
牠們最早到達湖邊
搭乘捷運

太陽興奮地招手：
早安

和平鐘太高
大樹說
你們人類太矮
還是我來敲吧

天　下

盆栽與白雲相聚
喝咖啡
點了一塊起司蛋糕
以及一盤
秋

最近天下多事……
噢　我是說
我們正坐在天空之下
哈哈

有點年紀啦
盆栽略為咳嗽：
不像你體健腳勇

到處奔波
伸張正義靠你啦

我也是人微言輕
白雲嘆
來來來喝咖啡
這盤秋
你一定要嚐嚐
風味獨具

醞　　釀

主客未到
季節已先入座

匠心慧具的茶器
默默展示著它們
姣好的容顏

室內迷濛著一股
難以著墨的
氛圍

淡淡的幽香
陣陣飄著

未來大事即將在此
醞釀

合　　唱

夕陽在天空張望
一言不發
只是不停地光亮

所有雲彩手舞足蹈
每一朵都盡其所能地
變

草木也紛紛加入
搖擺

風聲說
我們一起合唱黃昏

時間急急趕來：
還有我

踏　　青

群友踏青
談笑間
一不小心跌落
花田
眾人趕來攙扶：
看看　還掉了什麼

找不回了　我說
唯一遺失的是
童年

主　　角

怎麼也沒想到
竟然成為書面的
主角

飄呀飄的
甚至　被風
推上雲端

再也不是塵泥中
被任意踐踏的
垃圾

想著想著
落葉涕泗縱橫了

古　燈

一盞古燈
悠悠說著歷史
從清末到現在

花開花謝
它見過

世代興衰
它經過

飢餓料理
它嚐過

至於戰爭

它躲過

如今
還活著
悠悠說著歷史
地攤上

庚午夜

被
夜
追
殺
我緊急帶著心臟
逃亡
星月全無
找不到真理的方向
喘息
劇烈地喘息
何時才能天亮？

—— 2013 年庚午夜記實

美術課

瓶裡全
空
花都出門郊遊了
佛雕要它好好思索
圓滿

酒杯裝滿人生
戒
要苦修

盤中水果正在等待
畫師
今天上的課是
延壽

光陰説
成敗由我決定

叩叩叩

它知道很多事
土地飽讀人生

過去心不可得
現在心不可得
未來心不可得
叩叩叩
時間不怕敲破頭

前面該怎麼走？
有人問路

腳踏便知

過去心不可得
現在心不可得
未來心不可得
叩叩叩……

春還遠

水鳥孤立岩石
讓海獨自過冬

鬱金香站在岸邊
恭身迎賓
沒人質疑他們的誠意
儘管是藝品

林木瑟縮著
勁風強勢為它們梳理
髮型

天茫茫　海茫茫
極目所見一片　灰

濛濛

歲月就這麼不清不楚地
溜了
春還遠

傘之旅

一支有缺口沒被丟棄的
傘
走過人群
走過車陣
走過淅瀝的雨

走過安寧潔淨的
白石階
走過斜坡旁老樹橫枝
不小心滴落的
春

走過繁花似錦的
瞬間

走向光影模糊的
天涯
走進
無

涼亭外

涼亭外
湖水深靜

白鵝低首納悶
太陽為何失約

遊客演出孤獨
以背影
往事確實如煙

薄酒微醺
幸福全在思念中

浪淘沙

浪淘沙

孩子蹲著
認真地找尋
春天

大人彎腰
忘情地撿拾
黃昏

天黑
他們相偕返家
沙灘上僅剩
咯咯咯地
親子歡笑

今日特餐

日子由窗外謾罵揭幕
演出的丑角以為技藝精湛而
愈發賣力
鳥雀自嘆弗如
閉嘴
陽光嚇得臨時改道

歹戲還在拖棚
儘管沒有票房
春天站在巷口不停地探頭
觀望
一向默默無聞的小巷立刻
聲名大噪

風景終於歇止
也難為她了
想必鼓足勇氣
就當是 ──
今日特餐

桔子醬退位
我決定換一下吃膩的
口感
早安吐司裡塗滿
寧靜
哇　說不出的好滋味

── 寫於 2012 年 3 月 4 日清晨

蕃茄之夢

蕃茄做了一個夢
剛剛
它夢見自己一直飛翔

看雲
看擊鼓
看印象派大師如何
不知所云

然後
進入人文咖啡雅座
清閒

撐把油紙傘

漫步小雨中
親自走一回
情字這條路

前進森林
和桃花一起呼吸

走過鄉間小路
喝一杯「奉茶」
愛心從古到今

跟晚霞同洗溫泉
然後
繼續天涯

喝著燈光

時間順著雨棚
滴落

冷啊
冬天喊著

我在品嚐
人間煙火

多年不識酒濃
喝著燈光
喝著
伊

茶冷
夜長

草堂心事

草堂被規定在此
聽雨
不得任意外出

身為景觀核心
是榮譽
也是責任

每天忙得無暇
洗面
伙食千篇一律是
寂寞

遊客如織
拍照時
它勉強笑出一絲
老

照片旅遊

躺在長椅上的月琴

正在體驗

清閒

它已許久沒有

發表意見

倒是經常和桌上的盆景

交流

以眼神

當令的菊花也不喜

酬酢

它們共同信仰

單調

陽光和雨不請自來

但也僅是打打招呼
寂寞偶而過來坐坐
旋即迅速離去

牆上那部巨書
住著億萬文字
稱得上極盡奢華
但卻乏人問津
它的職責是為房舍
化妝

褪色的照片是剛才懸掛的
鮮貨
可能知道我們的目光
必來造訪
主人臉上還浮漾著
待客的笑容
歷史早已走遠
屋裡依舊處處充斥著他們
溫熱的呼吸

木棉花下

雨又歌唱
撐起心之傘
重回木棉花下

離人處處
嬌艷綻放的生命
依舊

季節始終堅持它自己的
裝扮

雨又歌唱
離人處處
我　撐起心之傘

沿著靜巷歸去
快
前面的青春已經走遠

魚和松樹

松樹與天空
交情深厚
他們每天一起在寺外
聽經

魚兒躍出池塘
問禪

松樹說
你繼續在池中
游來游去
該怎麼游就怎麼游

關掉黎明

關掉黎明
燈終於可以喘口氣

日子其實簡單易過
卻被搞得疲憊不堪

老化進行式
當然你也可以抗爭

早起並不意味勤勞
每個人都有說不出口的
苦澀
如茶飲過濃

夏天總是特別冗長
流汗
才能賺取人生

又來了
回憶似泉
我每天都在收拾這些
滴滴答答……

準備鼓掌

旭日剛剛探頭
它想回去換件衣裳

橋畔花草梳洗完畢
列隊
準備鼓掌

每日
都應隆重慶賀

今早的演講貴賓是
春天
它親切地和大家
一一握手

和平事件

杯盤狼籍後
窸窸窣窣的腳步聲
裡裡外外張羅著

主角外出
另一齣劇
在屋內開始上演
當史懷哲遇上史達林……

下班了
燈又亮起
今天發生什麼事？
沙發想想：
不過是一連串
和平事件

單車的一天

台南意麵
或者
北平餡餅粥
單車飢腸轆轆

茶靜禪香
或者
甜滋滋的巧克力
咖啡
單車要做選擇題

大廈連雲
如何建築自己
單車彩繪著未來

天 天 天 藍
綠 油 油 的 田
想 著 想 著
單 車 不 知 不 覺 回 到
幸 福 的 從 前

也是景觀

包括下台的達官
敗選的政客
破產的商賈
過氣的名流
人老珠黃的校花
始終做不紅品牌的
補藥
甚至一袋袋的
蔬果　麵包　衛生紙
都曾坐過那張椅子

桃花深處

── 觀畫有感

桃花深處
多少人煙
藍天綠地是他們的
主食
人人必修
微笑

偶而閒暇
江邊垂釣
心靈裝滿就返家
歲月杯中老

閒的進行式

茶壺望著窗外
不語
它最近剛學會
沈思

蜂蝶戲春
我自願幫牠們收集
不慎掉落在地的
歡笑

一下午進進出出
不停地忙著
閒

又是情人節

蘿蔔與茼蒿
眉來眼去
蛋糕與草莓新婚

龍蝦與豬排
相依相偎
貓狗歡喜走春

檸檬鬆餅與南瓜起司
浪漫約會
紅塵與菩提
湯泉度假

情人節雙雙對對
玫瑰許願

我的戀人是
光陰

口哨進行曲

只有黑暗
走進竹林深處

沒人退縮
勇士們開始奏樂
以口哨

前途一片黑暗
繼續

下一步仍是
黑暗

仍是

仍是
．．．．．．．．．．

終於
東方升起一線曙光

櫥櫃上的帽子

無所事事的帽子
成天站在櫥櫃上觀看
窗外風景

它喜歡陪伴
孩子嬉鬧　陪伴
小巷寂寞　陪伴
大雨沖刷
被踐踏的土地

喜歡和歲月聊聊
隱私
喜歡看盛開花朵
回眸一笑

喜歡揣摩
天空的臉色
喜歡研究飄揚的衣衫
是何身分

看著看著就這麼
老了
明天它想去看看
醫生
頸子酸痛

金針花的早餐

鮮果優格
或者檸檬醋
金針花的輕食早餐

這年頭流行
拚外交
到米蘭街頭逛逛
穿穿巴黎時裝
然後公告諸親友：
我從印度洗澡回來

實在開不出什麼
奇花異朵了
老闆每天碎碎唸！

心事誰人知？

有啦
打個電話給懷素
看看能否簽個約
將他的草書寫在
花瓣上
說不定　一夜
爆紅
明天新聞頭條……

我們共同走過

與會者尚未抵達
咖啡廳裡微光如豆

窗外突然大雨滂沱
水花濺濕玻璃
彷彿許多人在大聲
哭泣

原本悠閒地啜飲著
甘美的桔子汁
此刻格外覺得
甜中帶酸

友伴終於出現

俗俗寒暄後
各自低頭吸吮著
各自的
孤寂

雨嘎然停止
賦歸
我們手未牽手
共同走過人行道
或許時節尚早
路旁的相思樹
都未開花

從肚腸出發

一面晚餐
一面吃著眼前的
一江山水
雲蒸霞蔚氣象萬千
很快地我們就交成
莫逆
它執意邀請我到巔峰
看看
什麼叫境界

我們就從肚腸出發
別忘了攜帶
眼光
它提醒

窗戶娓娓說著

把心全給了
天空
窗戶娓娓說著
曾經

每一絲雨
都深情款款
點點滴滴都是
淚

現在它敏感於
微風細草
以及每一粒路過的
砂

夕陽已經西下

回到從前

所有成敗都被
搬空

垃圾桶裡塞滿
哭笑

唯有灰塵算是
舊識
老友重逢
說不出的親切

泛黃信封內

意外發現一隻小小
鳳凰
對著我熱情寒暄
那是……

所有成敗都被
搬空

垃圾桶裡塞滿
哭笑

走吧
夕陽已經西下

玫瑰 茶壺 三明治

玫瑰　茶壺　三明治
悠雅地坐在桌上
靜靜觀賞著夕陽

賓客們　時而
輕聲呢喃　時而
慷慨陳詞
是非成敗盡在
杯盤中

笑語相繼離散
所有足跡都被迅速清除
燈火奢華後
爭相入眠

茶壺的心事全被掏空
玫瑰依舊忙著卸妝
明天還得上演
同樣戲碼

從發芽到落葉

從發芽到落葉
每一個眼神
屋瓦都精心典藏

春之舞姿
秋之鞋履
它都如數家珍

狂風暴虐塵土
蟲蟻遍地哀嚎
它每次都陪著
流淚

近年嚴冬常來小住
它總殷殷叮囑老友
身體也要經常修繕

陽光還在烏雲後

那表情嚴肅
正在看報紙的
企鵝塑像
是什麼世界大事
震懾了牠？

簡餐店前
鴿子心無旁騖撿拾著
和平

氣候陰沈
陽光還在烏雲後

儘管陽台坐滿春

一股莫名孤寂
沿著窗邊漫淹入內
儘管陽台坐滿
春

舉目凝視粉牆
屋宇展覽著從未有過的
蕭靜
我和自己的靈魂
不期而遇

報歲蘭演完經典戲碼後
謝幕
我一面收拾塵泥
一面告誡自己　不要不要
憂傷
世事本就無常

殘缺已從邊緣出發

殘缺
已從邊緣出發
一步步向葉面中央
挺進

即將敗亡
青春

縱使凋零
也要一口氣一口氣
用力呼吸

曾經轟動花圃
她的美
她的細緻
她的溫柔
她的生機勃發

所有情話都已長大

藍色星空
椰子樹下
許多許多
心
來過
燈光故意不太
明亮

所有情話都已長大
奢華木屋
已老

數不盡
花已幾代同堂

夜依舊
美酒咖啡依舊

全世界的陽光一樣溫暖

飄洋過海移民而來
木盆思鄉

沙發適時給它一個
愛的擁抱

我的專長是
給人歡喜
小熊也加入
體貼行列

全世界的陽光一樣溫暖
眾聲唱

夏日最後一場盛宴

如意早早華麗到位
水波瀲灧
椰子樹約玫瑰花
喝下午茶

該配戴什麼裝飾？
蛋糕急著出場

咖啡貓搖搖鈴鐺
我可以參與嗎？

陽光拿起銀色刀叉
切下一塊今日
嗯

甜甜淡淡鹹鹹
就好在
一些芝麻領銜

附錄：

暗香疏影中她拎著受傷的
地球疾步走來

—— 兼論台灣詩人劉小梅以新聞
題材入詩及其語言策略

陶保璽[1]

淮南師範學院　安徽　淮南

　　摘要：台灣詩人劉小梅是一位信奉"文學是人學"、"詩歌即情學"的詩人。而這類詩人的生命潛能，往往都置根於社會生活的最底層，其脈絡則與廣大民眾緊緊相聯。這就註定他（她）們足以能書寫出無愧於時代，無愧於歷史，無愧於民眾所期待的燦爛詩篇。她以自己善於選材，精於藝術構思，講究語言策略和注重創制詩體等獨特風采，展示出她固守生命寫作的高潔與絢麗。

　　關鍵詞：劉小梅；詩；生命創作；藝術構思

1　陶保璽（1941-），男，淮南師範學院副教授，淮南師範學院台港澳暨海外華文詩歌研究所所長。

　　我驚異，與台灣資深詩人張默先生，悉知我甚喜近幾年《創世紀》詩雜誌所刊劉小梅詩，而又期冀着能讀到她的詩集時，即轉達，劉小梅女士便欣然於年初，一下就爲我寄來她近年連續出版的詩集五種[2]。

　　我驚異，當我們面對諸多"蒼白的文學"，那裡面"似乎什麼都有，動人的故事，優美的語言，飄渺的文風，唯獨沒有心靈的質量"而深感遺憾與無奈時，當我們聽到大陸有些作家在愴然慨嘆，"當今中國文壇卻充滿了只有感覺而沒有感動的作品，連外在遭遇的命運的感動都消失了，而那些能讓人在良心深處產生巨大震撼的作品幾乎蕩然無存了"[3]，詩人劉小梅，恰恰爲我們送來她那以其全生命的投入，內蘊著藝術感知和審美表達力而又足以展示對人類情感世界有著精微體驗力，並且能撞擊人們心弦，足以令人內心深處爲之感動的一卷卷詩歌藝術精品。

　　我更驚異，作爲 20 世紀 90 年代才步入詩壇的女詩人劉小梅，她既不把詩創作作爲"稻粱謀"，更不去迎合主流意識爲"走紅"而寫作，她漠視任何政治背景，而以獨立的身份和獨具個性的聲音，憑藉自己的人格力量和聖徒般的情愫，對社會生活表現出強烈的關懷，體現出對人類所面臨的生存困境和生民所遭遇的種種苦難，執有著鮮見的良知與難得的悲憫。她卓爾不群，彷彿有著永不枯竭的激情；她，獨具風采，以拳拳赤

---

2 劉小梅寄贈的詩集爲：《雕像》、《今夜有酒》、《刺心》、《影像的約會》和《種植一株寧靜》。均由台北市文史哲出版社印行。出版時同分別爲 2001 年 11 月、2003 年 12 月、2004 年 10 月、2006 年 2 月、2007 年 3 月。惟《影像的約會》編成於 1998 年 9 月，因故延擱多年，方得以面世。
3 北村：《有所信才有真文學》，刊《書脈》2007 年創刊號，第 37 頁。

子之心，為詩之女神奔波勞頓；她，憧憬未來，以倔強的靈魂去迎擊苦雨腥風，去朝拜一個又一個雖說遙遠，但卻美麗的幻夢。呵！她確乎有著觀音菩薩的情懷和齊天大聖的火眼金睛。

我同樣驚異，在佫大的華文詩壇上，劉小梅的詩雖然稱不上綺麗芳香的奇花異葩，但若視如五月榴火，八月丹桂，山原小梅，抑或田野中的芝麻（俗話說：芝麻開花節節高）並不為過。劉小梅的詩，意象澄明，語言瀏亮，風格素樸，在獨抒性靈中，力避天馬行空，言之無物，而以其閱界繁華、歸於平淡的藝術境界和雅而不矯、美而不膩的靈動風采，吸引著廣大讀者的目光。

呵！不信？且看 —— 暗香疏影中她確乎拎著受傷的地球疾步向我們走來！

一、低吟淒楚的慢板，去吻醒病入膏肓的地球

反覆閱讀劉小梅寄贈的五本詩集，我久久陷入沉思 —— 小梅女士本為台灣一家廣播公司的著名節目主持人，且歷任媒體工作的製作人、編審、新聞主編及編導。於 2004 年，她提前掛印退休，專事寫作。2007 年 3 月，她在為詩集《種植一株寧靜》撰寫 "代序" 時，乾脆喊出： "別再叫我 '業餘詩人' ！" 並且宣稱： "我也要和席姐（席慕蓉）並肩作戰。" —— 作為 "半路出家" 的詩人，何以如此癡迷於詩，獻身於詩，而且渾身充溢著一脈九死不悔敢於擔當苦難的勇氣和信念，迸發出血性噴濺醜惡的悲壯？這種生命的激情和精神力量，究竟來自何處啊？……

顯然，劉小梅是在詩之女神由藝術聖殿跌落，詩歌藝術被

嚴重"邊緣化"的大背景下登臨詩壇的。她之出現，無疑是一種艱難的突圍。這裡，我所要思考的卻是，面對洶湧澎湃的經濟大潮，目睹形形色色的物質和拜金主義的海嘯肆虐，諸多詩人陷入迷惘、惶惑，乃至望而卻步，尤其是那些名位不高、經濟實力不雄厚者，甭說是出版詩集，就是想公開發表幾篇作品，往往也只能是望梅止渴而已！—— 偏偏就在這樣的時空點上，劉小梅卻在短短幾年間，連續出版了她無一篇重覆收錄的多本詩集，而且每一本的印行，都能引起台灣詩壇的關注，乃至詩評界的青睞。其根本原因究竟何在呢？—— 如果說這是劉小梅向詩的璀璨星漢發射出幾枚光鮮而亮麗的"星體"的話，那麼，她的發射場究竟又設在何處？她詩的翅膀起飛平臺安在哉？—— 弄清這些問題，也許不無裨益。

問題總算找到了答案。其一，劉小梅曾說"我的青少年歲月，那真可謂一段餐詩宿詞的瘋狂時期"。當她歷經人生種種坎坷與磨難之後，再度"重溫曩昔舊夢"，又癡迷於詩時，自然也就"有種與失散戀人重逢的驚喜"了[4]。實則，此乃為一種"精神還鄉"。—— 劉小梅早已將自己的一生託付給詩之女神。更何況，她和她的友人，早將北宋哲人張載（1020～1077）的名言"為天地立心，為生民立命，為往聖繼絕學，為萬世開太平"當作自己的座右銘呢！由此可見，這就是劉小梅為詩打拼的動力源。

其二，劉小梅在 2002 年 5 月 5 日所寫的一篇短文中曾說："不為獎而寫，不為紅而寫，不為頭銜而寫，不為稿費而寫，

---

4 劉小梅：《人生真美》，探索文化事業有限公司，1998 年，第 23 頁。

只爲寂寞而寫。不炫神來之筆，不刻意'後製作'雕琢，一切都是心情的反照。"還說，"我寫詩，是因爲它是人生無助時，最好的抗憂鬱藥。"[5]兩年後，在 2004 年 7 月 28 日，她爲詩集《刺心》撰寫自序時，更加強調："我寫詩的態度，一言以蔽之，那就是'拒絕主流'：拒絕爲'諂媚評審'而寫，拒絕爲'銷售業績'而寫，拒絕隨'偶像'的指揮棒起舞。詩人也應像企業一樣，應該創造自有品牌，並爲自己所製造的一切後果負責。"爲此，劉小梅大聲疾呼："要像疼惜自己的生命一樣"去疼惜眾生，對他們"唯有至誠關心，才能感同身受"。爲此，劉小梅還近乎苛刻而嚴厲地要求自己，應該認真傾聽"那些受傷靈魂的啼哭"，"體會他們的滄桑與無奈"[6]，從而在自身靈魂倍受震顫的狀態中，去創作能讓讀者心中激起漣漪的詩篇來。

　　—— 劉小梅面對其生活空間的這些陳述與表白，其思想內涵及精神指向是顯見的。她猛烈抨擊時弊，絕不讓自己與台灣社會"主流"同流合污；更不去隨波逐流或追風趨潮。其實，在各階層和各種利益集團共生並存、紛然雜陳的現時代，所謂主流，無論是就意識形態而言，還是就生產和分配來說，都無非是統治集團或強勢群體所操縱和導演的種種把戲！尤其是那些專事造勢和進行形形色色炒作的媒體，"不僅僅言不及義，簡直就成了江洋大盜。"[7]這種醜惡的社會現象，表現在具有高度民主和自由的國家和地區裡，尚且如此，那麼，表現在強權

---

5 見《詩，是抗憂鬱藥》即詩集《今夜有酒》後記，台北：文史哲出版社，2003年，第 189-190 頁。

6 見《拒絕主流》，詩集《刺心》，台北：文史哲出版社，2004 年，第 8-9 頁。

7 須文蔚：《煮字原來可療病》，台北，《文訊》）2007 年 8 月版，總第 262期，第 94 頁。

政治和專制主義甚囂塵上的國家和地區裡，還用得著去多說嗎？因此，"拒絕主流"的提出，是需要大無畏的膽量和洞若觀火的識見的。鑒於斯，便不難看出，劉小梅所張揚的拒絕主流精神，不僅展示出她作爲詩人的"個性"風采，（"'個性'是成敗的主要關鍵"[8]—— 尤其是對藝術創作者而言！）而且更昭示出她超然於黨派政治之外，心甘情願爲弱勢群體，爲伸張正義而歌而泣而獻身。這其間便潛藏著無比的創作能量。

　　—— 劉小梅的上述表白，還標示出她對詩之發生學及詩之藝術特質的清醒認知與得心應手的把握。她所持有的詩觀，諸如"詩，是抗憂鬱藥"和"一切都是心情的反照"及至對寫作對象的"至誠"與"感同身受"等等，與其說是她對詩創作社會功能和詩創作熔鑄過程的一種體認，還不如說是她對詩之所以能成其爲"詩"，那種誕生與成形之因由緣起的一種深情回眸與真切感悟。就是說，多年的創作實踐，使她體悟出：詩人在觸物感懷的過程中，其生命內核最初呈現出來的狀態當是：心靈無所羈絆，靈魂自由舒展；進而熱情奔放，馳騁想像，詩思隨之飛揚；終經精神漫遊，吞天吐地，含納萬有，而將歲月的嬗遞，生命的留痕，化作詩思的律動與意象的紛呈；再以清新雋永的語言文字，將其物化定型，於是，真正的詩篇便光彩內爍，自天飛落。而這種創作形態與熔鑄過程，往往並不需要多長的時間，有者甚或在轉瞬間便可完成。這期間，詩人的情感訴求及生命感悟，乃是極其重要的一環。因爲成功的詩篇總是始于情而終于智。誠如里爾克所云："詩不徒是情感，而是

---

8 劉小梅：《心靈開眼》，新北市永和區：稻田出版有限公司，1996 年 9 月版，
　第 60 頁。

經驗"。

　　由此，我認定劉小梅是一位信奉"文學是人學"、"詩歌即情學"的詩人。而這類詩人的生命潛能，往往都置根於社會生活的最底層，其脈絡則與廣大民眾緊緊相聯。這就註定他（她）們足以能書寫出無愧於時代，無愧於歷史，無愧於民眾所期待的燦爛詩篇。我向來認為，詩是詩人情感流變的藝術。詩人所要做的無疑是以其生命的智慧之光，去觀照社會人生，去對生活和生命進行雙重審視。同時，亦是對當下每一頃刻和歷史結果的肯認與再創造。有了這種審視的目光和最為可貴的情懷，也就有了縱橫詩壇的力道和"場能"。著名作家福克納在榮獲諾貝爾獎時曾說："作為一個作家，充塞他創作室的，應當是人類心靈深處從遠古以來就有的真情實感"，而這"心靈之真，乃是愛情、榮譽、同情、尊嚴、憐憫和犧牲精神"[9]。這裡所強調的"真情實感"和"心靈之真"，恰恰正是劉小梅在現代詩創作中所信守的"鐵律"或"圭臬"。

　　由此，我們確實還可以做出這樣的判斷：如果說我們上面所闡述的屬於詩之發生學範疇，及至劉小梅詩之所以能夠如噴泉般湧出之最根本緣由的話，那麼，我們似乎還應該說，劉小梅筆下那些優秀詩作，或者說那些足以撼人心魄的力作，乃是她本人及其父輩曾經歷練和遭遇的生活磨難、重大挫折，曾經的身處逆境、向死而生，生命在危機中、靈魂在震顫中堅守、突圍，然後終歸出現轉捩的難忘記憶的一種激活，或者說攪和了現實感觸之後的一種記憶中情感流變的複製與創造。這大概

9　引自《華夏詩報》2008 年 3 月 25 日第 1 版。

就是人們通常所說的生命體驗及靈魂搏動所造成的情感記憶之深厚儲備了。現在，我們就來看看劉小梅這類閃光的詩作。

　　"愛情比角膜更易發炎／帳簿裡的溫柔愈提愈少／相思的利率過低已不足維生／寂寞正為即將失業而顫慄不已／／飢渴的樹買不起一杯冰沙／憂鬱的雲因朝野角力而欲哭無淚／青春彷若播報完畢的廢棄新聞／眨眼即成歷史。"（《午後四點零四分》節錄）／

　　這些詩句中所透露出來的情緒，不僅含有詩人對自身處境困厄的感喟和深感青春易逝的哀怨，更有著置身於"朝野角力"無休止爭端這種大環境、大氛圍之中的無奈與憂心如焚般的焦慮。值得首肯的是，這種情感的捕捉並進而熔鑄為詩來加以彰顯，它既具有鮮明的個性化風采，又具有更為廣泛的普遍性和典型性。說得更準確些，此乃是特定歷史環境中的"典型情緒"。這種典型情緒藉著樸素詩句的承載，便能直達讀者的心靈。也就是說，在讀者的審美視域和審美判斷中，它易於引起心靈深處的共鳴，進而喚起感動。亦即所謂藝術感染力便由此產生。

　　"抗議聲此起彼落／憤怒／已成時尚。"（《生活協奏曲》之一）

　　"步步驚魂／窗外黑影騷動／……／最近流行什麼／──花容失色。"（《生活協奏曲》之二）[10]

　　"高樓林立的大道／一群穿著光鮮的人們／茫然走過／攜帶著他們的／時代。"（《街景》組侍之59）

10　《種植一株寧靜》，台北：文史哲出版社，2007年，第37頁。

“槍擊案後／血染大地／救護車呼嘯而過／載走整街的／眼神。”（《街景》之 63）。[11]

“殘忍／溢滿螢幕／人命比一斤蔥廉價／破案／得等時間旅行回來。”（《紅塵速寫》之二）[12]

“不敢獨自站在真理的一邊／那不是流行款式／會遭受眾多目光質疑。”（節錄自《午夜即興》）

“正義的呼聲／遂變得氣若遊絲”，“亡者僅能任憑化妝師偽造美麗後／按照導演的嚴謹製作違心出場／同情之淚已進步得可以科技操控／按鈕即湧／一齣精緻悲劇／……”（錄錄自《船過水無痕》）[13]

　　上面引錄的諸多詩句，出自作者寫於不同時期並出版於不同年代的多本詩集之中，但它們所蘊含的思想指向和情感質素卻都是極其鮮明的。[14]從中尤可見出詩人劉小梅在經濟大潮洶湧，各種思潮聲浪澎湃的背景下，堅守著人文精神的家園，並展現出作為詩人應有的良知。

　　台灣詩人劉小梅所面對的現代，該是什麼樣的時代呢？雖然人們還敢於憤怒，敢於抗議，雖然整個社會還沒發展到令人窒息的地步，但畢竟更多的人生活在黑影騷動的驚恐之中，生活在血染大地的惶惑之中，而“花容失色”，而茫然不知所措，而產生在劫難逃的焦慮。

11　《影像的約會》，台北：文史哲出版社，2006 年，第 107、109 頁。

12　《今夜有酒》，台北：文史哲出版社，2003 年，第 34 頁。

13　此處所引兩詩，見於《刺心》，台北：文史哲出版社，2003 年，第 188-189 頁。

14　魯迅：《紀念劉和珍君》，見魯迅：《華蓋集續編》，北京：人民文學出版社，1973 年，第 70-71 頁，第 75 頁。

——這又是怎樣的人生境遇啊？雖然高樓林立，穿著光鮮，但卻只能以憤怒爲時尚，以黑血爲流行色！雖然還有救護車的呼嘯聲，但正義的呼聲，卻"氣若遊絲"；苟活者不敢去捍衛真理，爲真理而吶喊，反而以身飼虎，聽任更多的生命慘遭屠戮，讓生命價值降低到趕不上一斤蔥的價錢。更有甚者，諸如社會上的邪惡勢力，廟堂裡握有權柄的重臣和擅於玩弄權術的惡魔們，他們連"哀悼式"都要通過"精心擘劃"，"表演給世人觀賞的展出"。（《船過水無痕》）

——這是怎樣的世界，怎樣的世道喲？人們呼喚了幾個世紀的人的尊嚴與價值到哪兒去了？人性美的自由發展空間，似乎已被擠壓得喪失了立錐之地。歷史的積弊和現實的憂患，幾乎淹沒了人們對於改革的美好憧憬。"官本位"的傳統痼疾，加上體制內"關係網"，聯手編織的"瞞"和"騙"的鬧劇愈演愈烈。高度的思想困惑和嚴峻的生存危機，不能不說是現代人所面臨的根本無法回避的悲哀。因而，此間詩人所深切感受到的，當是"我只覺得所住的並非人間"，並還將"深味這非人間的濃黑的悲涼"[15]……

誠然，現代社會發展至今，它所呈現出來的突出特點，"便是它有效地窒息了那些要求自由……的需要"，"單面社會的極權主義趨勢使傳統的抗議方法和手段無效甚至變得危險"[16]尤其是現代科技的高度發展和廣泛運用，它雖然給人類帶來了

---

15 魯迅：《紀念劉和珍君》，見魯迅：《華蓋集續編》，北京：人民文學出版社，1973 年，第 70-71 頁，第 75 頁。

16 馬爾庫塞：《單向度的人》，轉引自樊星：《永不熄滅的人性之光》，《文藝報》2008 年 5 月 15 日第 3 版。

豐厚的物資生活，但卻在五光十色的迷宮中，使得任何宗教精神，或企圖通過革命去改造社會的力量，都顯得蒼白失血，回天乏術。也就是說，現代科技越發展，越有利於極權主義的思想統治和強權統治，越有利於專制主義者用以鞏固他們的寶座。而那些要求民主，追尋自由的志士仁人，也就會愈加陷入更為深切的痛苦和無奈之中。在推進科技發展的過程中，人類反而發現了自己的渺小與可悲，發現了體制的強大與人的異化。於是，各種各樣的社會思潮都似乎無法去解決層出不窮的社會問題，反而為社會所冷落或邊緣化。最終，只能站在歷史洪流的邊沿，去嘆息或者靜觀。基於此，作為弱勢群體之一員的詩人劉小梅，她又該怎樣去面對呢？

　　德國思想家雅斯貝爾斯有云："即使世界末日就要來臨，我還是需要對未來抱一絲希望。"弗洛姆則相信，"將人類從自我毀滅中拯救出來的惟一的力量是理性。"[17]偉大的魯迅先生更早在 82 年前便這樣寫道，"真的猛士，敢於直面慘淡的人生，敢於正視淋漓的鮮血。這是怎樣的哀痛者和幸福者？"並且說過，"苟活者在淡紅的血色中，會依稀看見微茫的希望；真的猛士，將更奮然而前行。[18]

　　出乎意料。出現在我們眼前的，竟是體格並非雄健英武的女詩人劉小梅。你看，她目光如炬，所看到的竟是"向太陽借貸一絲光明／這病態的世界／總算恢復心跳。"（《街景》組詩之 58）你瞧，她堂堂正正，滿懷著期待，更加奮然前行："戒

---

17 引自樊星：《永不熄滅的人性之光》，《文藝報》2008 年 5 月 15 日第 3 版。
18 《紀念劉和珍君》，見魯迅：《華蓋集續編》，北京：人民文學出版社，1973 年，第 70-71 頁，第 75 頁。

不掉對政治亂象的無奈／拎起受傷的地球／醉去。"（《街景》組詩之 57）[19]（按：劉小梅女士，崇拜禮尙佛事。因此，詩中出現的 "戒" 字和 "醉" 字，特別值得注意。）——這樣的詩句，勿須論析，我們便會不約而同的感受到，它鏗鏗然，擲地可作金石聲。詩中所洋溢著的自是民本情懷，憂患意識和佛家悲憫。

然而，真正的詩人必然是孤獨而寂寞的。歷代的詩人均皆如此，何況劉小梅所面對的嚴峻現實和她所做的思忖，乃是當代眾多思想家都無法解決的世界性難題啊！難能可貴的是，詩人劉小梅毫不掩飾自己這種凄楚而又略帶悲涼的人生體驗與心靈深處的痛切感受。

在《沒有你的夜》一詩中，她寫道 "現在流行生物科技／卻沒人投資研發／'抗寂寞' 藥／也沒有先進儀器／能一舉將寂寞震碎／如用碎石機震碎腎結石／一生榮寵幸福的諾貝爾獎評審／自然也不會理解／沒有飛彈銀彈做後盾的詩人的寂寞。"在同一首詩中，她還反覆吟咏："怎麼又寫寂寞／本想拯救宇宙的"；"怎麼又寫寂寞／本來我真的好想好想／以熱唇吻醒／這病人膏肓的地球"。[20]——在人類社會中，詩人群落顯然屬於弱勢群體，較之其它社會力量或團體，不管你理想如何宏偉，品格如何高尙，詩才多麼奇詭，也不會具有力挽狂瀾的回天之力。

法國數理科學家和思想家帕斯卡爾有云："人只不過是一根葦草，是自然界最脆弱的東西；但他是一根能思想的葦草。"（按："葦草" 通譯爲 "蘆葦"。）並說 "我們全部的尊嚴就

---

19 劉小梅：《影像的約會》，台北：文史哲出版社，2006 年，第 107 頁。
20 劉小梅：《刺心》，台北：文史哲出版社，2004 年，第 178-181 頁。

在於思想。"[21]── 作為詩人，作為弱勢群體的一員，劉小梅毫
不例外地有著她脆弱的一面，而我們所欣賞和歆羨的乃是，她
毫不軟弱和絕不退縮的卓絕精神。正是在這樣的堅守中，劉小
梅表現出敢於承擔抒寫和塑造思想與靈魂的責任，從而展示出
真正人的"全部的尊嚴"。同樣，毫無疑問，劉小梅通過她的
詩所展露出的絕不放棄自己宏偉理想和高潔品格，絕不停止對
人類生存危機與精神家園的凝視與關注，這種倔強的精神氣質
和堅毅的人生信念，實際上亦是詩人自身生命價值的體現。它
既是一種使命感的自由迸射，也是一種對責任和承諾的張揚。
僅就此而言，也足以令人為之感佩了。

　　還是帕斯卡爾的話說得深刻："人顯然是為了思想而生
的，這就是他全部的尊嚴和他全部的優異；並且他全部的義務
就是要像他所應該地那樣去思想。"[22]而實際上，現代人和當今
世界的各類文學作品，最缺乏的正是"思想"。喪失了思想，
也就喪失了"全部的尊嚴"和"全部的優異"；換句話說，也
就喪失了做人的根本價值和意義。正是站在這樣的視點上，我
們看到了劉小梅的思想力量和她勤于思想的卓爾不群的風姿。

　　在一首題為《寫真》的詩中，劉小梅這樣寫道："拋開作
習表／流浪去"；"所謂社會現象就是／每一根多少都帶著點
側彎的脊椎骨／恓恓惶惶地／在演出／他的茫茫然"。[23]這是該

---

21 〔法〕帕斯卡爾：《思想錄》，何兆武譯，北京：北京大學出版社，2006年，
　　第155-156頁。
22 〔法〕帕斯卡爾：《思想錄》，何兆武譯，北京：北京大學出版社，2006年，
　　第73頁。
23 劉小梅：《影像的約會》，台北：文史哲出版社，2006年，第127-128頁。
　　又："作習表"大陸通常寫作"作息表"。

詩開頭和結尾兩節，讀著它，能不產生不寒而慄之感嗎？讀著它，怎能不同樣恓恓惶惶啊！人類社會發展到今天，竟有那麼多人的脊椎骨是彎曲的，竟有那麼多人因喪失精神家園而飄泊流浪，竟有那麼多人對未來生活感到茫茫然。世界文明究竟怎麼啦？人類世界的發展到底出了怎樣的問題？這是些非常嚴肅而又極其複雜、極其難以回答的課題，然而它同時又是極其嚴峻而每個人又不得不必須去面對的事實。

這裡，我們所感受到的台灣詩人劉小梅的詩，實際上是在嚴酷拷問自己和人類的靈魂。豈不是嗎？在現代社會各種巨大壓力下，要想昂昂然挺直腰桿做人，真的是談何容易！甭說是在劉小梅所指斥的政治高壓和極權主義氣焰囂張的地域，就是在自由民主高度發達，人權得到充分保障的國家或地區裏，要想使每個人都能堂堂正正挺直脊樑做人，又談何容易！因此，也可以這樣說，能否有著挺直的脊樑，便成了衡量一個國家或地區，一個民族或群體，抑或每一個人是否具有國魄民魂乃至人格尊嚴的重要尺度。無數事實和經驗教訓告訴人們，作為一個人，要真正做到挺直脊樑生活，總得付出慘痛的代價，甚至是血的代價。撼人心魄的文學往往也正是由此產生。就此而言，劉小梅的詩，盡管還不能說是"以血書者" —— 尼采謂："一切文學，余愛以血書者。"王國維則云："後主之詞，真所謂以血書者也"。[24] 然而，劉小梅詩的思想深度及其對人類文明所做的透視與警示，卻在人類生存危機的血色中，光彩奪目的閃射在廣大讀者的眼前。同時，它還以巨大的感染力使人深省，使

---

24 王國維：《人間詞話》。見況周頤著《蕙風詞語》與王國維著《人間詞話》合訂本，北京：人民文學出版社，1966 年，第 198 頁。

人奮起，使人血脈賁張。毫無疑問，其所期盼與祈願的人人能夠挺直脊樑生活，該是多麼美好而崇高的憧憬！由此，我們確乎看到，善於體恤民情的詩人劉小梅，拎著受傷的地球疾步向我們走來，其步履是那樣矯健。

雖如此，劉小梅畢竟是孤獨而寂寞的。她清醒地意識到自己的生活處境與精神苦悶。在《夜雨》中，她筆墨沉重地寫道："失眠絕非預謀／記憶如流感病毒迅速擴散"，窗外雨聲"是在伴奏我寫不出詩的焦慮，""我的詩遂被詮釋成淒楚的慢板"。[25]是啊，這裡所說的"淒楚的慢板"，是以血淚的音符構成和絃的。它恰恰正是劉小梅近年來多冊詩集的"主旋律"。

弄清並把握了這一關鍵，才能去真正解讀劉小梅，為什麼會用那麼多筆墨去書寫和展示戰爭、自然災害、環境破壞和由於多種欲望的膨脹而帶來人性嚴重扭曲諸多社會亂象及精神桎梏，為什麼會高張拒絕主流、鄙夷時尚的旗幟而頂住巨大壓力，以詩為利器，去探討人生、人性、生死、靈與肉、個人與社會、理想與現實，奴役與自由等一直困惑著人類卻又難以尋求答案的命題與哲思！

尤其是，台灣詩人劉小梅始終以她的詩表現苦難，批判現實，追求自由。這種堅守是難能可貴的。面對人類的生存危機，她特別關注並堅持為底層民眾鼓與呼，為弱勢群體而吶喊，為他們的血淚掃描，為他們的命運祈福，為他們的不幸悲憫。這一切無不閃射出她緊承五四以來人的文學和平民文學的輝光。其間，她的態度又是那樣決絕和堅毅。確實如此，劉小梅信守

---

25 劉小梅：《刺心》，台北：文史哲出版社，2003年，第205-206頁。

並實現了自己的創作理念，她頑強地抵抗著紅塵的喧鬧，在自己的心靈深處，在每個人的廣袤心田，種植一株寧靜⋯⋯

二、信手拈來生活圖景，去和自己的靈魂繾綣

當我信筆寫下這又一個小標題時，我得承認，這也是我從劉小梅詩中拈來的。請看："我信手拾起一幕／絕美的／風景"（《風景》）；"信口吹了一支小曲／一群花／忽地抬頭／集體釋放她們／粉嫩的／初戀"（《城市掠影》之 33）；"我的詩／在和我的靈魂／繾綣"（《在》）。[26] —— 這不，經我稍事拼貼，便成了現在這個樣子。不過，說不說標題的出處倒並不重要，只是在這裡我要強調的乃是，劉小梅的詩作，著實是生命寫作。

所謂生命寫作，是指詩人或作家本著社會良知和歷史使命感，敢於面對尖銳而敏感的社會人生問題和種種境況，敢於表現和展示諸多為一般人所不敢或不願觸及的歷史積弊與現實憂患，同時還敢於無所諱忌地為揭示真理而言他人所不敢言者。所謂生命寫作，就其創作成果來說，他所創作的無論是哪一種形式的文學藝術作品，都必然是他自己生命狀態的體現、凝聚和結晶。也就是說，大凡生命寫作的原創性作品，其間必然蘊涵著一種真摯而純樸的生命精神和生命意識，洋溢著一種強烈而熾熱的生命體類和生命感悟，而且文字中也必然會流淌著一種能夠足以動人心魄或給人以啓迪的生命傾訴和生命震顫。這樣的作品，自然也就有著巨大的心靈震撼力，並且有著能夠引

26 劉小梅：《種植一株寧靜》台北：文史哲出版社，2004 年，第 163、30、136 頁。

起眾多生命共鳴的深厚內涵。這樣的作品，因為有了生命精神的投入和生命激情的灌注，它實際上也就成了詩人或作家帶有智慧的生命形式的另一種存在。它必然會迸射出生命的光彩並散發出慧悟的芬芳與溫馨。

　　當然，我這樣來界定生命寫作，實質上是就文學創作所應達到的至高境界而言的。它也是每個創作者所應立志追求和仰望的高峰。只是真正能夠抵達這一高峰者，誠然是少而又少的。同樣，我在這裡談及這一話題，並不是說台灣詩人劉小梅的詩已經抵達了這樣的至高境界抑或高峰，我只是說，劉小梅的詩創作，讓我們清晰地看到了她正雄姿英發地向著這一高峰或崇高目標在攀登，在邁進。儘管她腳下的道路極其坎坷而崎嶇，但她畢竟依然踏著自身留下的血色腳印，在奮力攀登，邁進。

　　其實，中國新詩自誕生以來，早期具有開拓性的詩人們，大多都是主張並堅持踐行生命寫作的。尤其是在歷史處於大動蕩，大變革或遭遇大災誰時期更是如此。例如，上一世紀 20 年代之初，創造社的柱石作家、詩人郭沫若就曾說過，"詩是人格創造的表現，是人格創造衝動的表現"（1921 年秋）。"我們的詩只要是我們心中的詩意、詩境之純真的表現，生命源泉中流出來的 Strain，心琴上彈出來的 Melody，生之顫動，靈的喊叫，那便是真詩，好詩，便是我們人類歡樂的源泉，陶醉的美釀，慰安的天國"。還說，"詩人是感情的寵兒"；"情緒的律呂，情緒的色彩便是詩。詩的文字便是情緒自身的表現"；"詩的創造是要創造'人'。"（1920 年 2 月 16 日，致宗白華）[27]。

　　而新月派詩人聞一多先生則說，"文學是生命的表現，……普遍性是文學底要質而生活中的經驗是最普遍的東西，所以文學的宮殿必須建在生命底基石上"（《泰戈爾批評》—— 文末未注明寫作日期，當為 20 年代後期）。這位詩人後來還要求詩應該"爆炸著生命的熱與力"（《時代的鼓手》，1943 年 11 月）[28]。

　　歷史進入 20 世紀 30 年代初期，詩壇最具影響力的詩評家之一梁宗岱先生，則多次更為鮮明地高張生命詩學的旗幟，他斬釘截鐵地指出："詩是我們底自我最高的表現，是我們全人格最純粹的結晶"（1931 年 3 月 21 日，致徐志摩，即《論詩》）。[29]稍後，他又強調說，"一切偉大的詩都是訴諸我們底整體，靈與肉，心靈與官能的。它不獨要使我們得到美感的悅樂，並且要指引我們去參悟宇宙和人生底奧義"（1934 年 9 至 12 月撰，《談詩》）。"對於深思的靈魂有時單是一聲嘆息也可以自成一首絕妙好詩"（1935 年 1 月 30 日，《說"逝者如斯夫"》）。隨後不久，梁先生又一次重申："一首偉大的有生命的詩底創造同時也必定是詩人底自我和人格底創造"，（1936 年 5 月 1 日，《詩·詩人·批評家》）所以，"一切好詩都是詩人自我底最完美的表現"（1935 年冬至 1936 年夏所寫的《按語和

---

27 見郭沫若《論詩三札》。此處引自 1979 年 6 月，內蒙古師范學院中文系編印的《沫若詩詞選讀》附錄"資料選編"，第 300 頁、第 302-303 頁、第 306 頁、第 308 和 309 頁。

28 引自"聞一多隨想錄"《激進人生》，何乃正編，花城出版社，1992 年 5 月版，第 30、56 頁。

29 梁宇岱：《詩與真》，上海：商務印書館，1935 年，第 30 頁。

跋》）。[30]此外，1935 年冬，梁宗岱先生在為《大公報》文藝欄“詩特刊”之創刊號撰寫《發刊辭》時，再次揮筆寫下：“詩不僅是我們自我底最高的並且是最親切的表現，所以一切好詩，即使是屬於社會性的，必定要經過我們全人格底浸潤與陶冶”。（《新詩底紛岐路口》一文）[31]

　　呵，親愛的讀者諸君，請原諒我在此不惜花費筆墨，“狂引”了這麼多關於張揚和倡導新詩生命寫作的言論，這不僅意在說明筆者多年所持有的最為基本，最為核心的詩學觀念，即詩是詩人生命底蘊和生命狀態透過語言文字定型後的一種外射，文學是人學，詩學是情學，詩歌乃是詩人情感流變的藝術，詩是詩人心靈鮮活的雕塑等等諸如此類的詩學理念，其源頭活水便是來自上述諸多精闢的論述，而且，還意在說明，中國新詩創作的先行者，他們所熱烈追求和極力踐行的生命寫作，實質上是在對中外古聖先賢詩創作藝術本質探尋與把握的進程中，發現並真正捕捉到了詩的內核與詩的神髓。他們寫的雖然是新體詩，但在中華民族文化精神傳承和詩歌藝術審美規範等方面，不但沒有完全摒棄與背離中國傳統詩詞所蘊含的種種藝術特質及風味，而且還適應時代的需要，有著多元化的創新。因此，這種新體詩的生命寫作，我認為實是一種最為本質、最為逼近詩歌藝術堂奧的寫作。較之生命寫作，其他任何形式、任何創作方法引領下的寫作，都不過僅僅是一種變幻旗幟、變幻手法的嘗試或變異而已。儘管它們有時也顯得十分炫目。

---

30 梁宗岱：《詩與真二集》，上海：商務印書館，1936 年，第 23,57,152,112 頁。
31 見《詩與真二集》，上海：商務印書館，1935 年，第 104 頁。

　　如果說我們上面所著重論述的乃是新詩生命寫作最為本質的特徵及其對新詩發展所應有的決定性的影響的話，那麼，執意堅守生命寫作的台灣詩人劉小梅，她的詩又體現出哪些與他人顯著有異的鮮明特色呢？下面，我們便擬從題材的選擇、構思的新奇，以及她獨特的語言策略和詩體創造等方面，來加以論析並略作闡釋。儘管這也只是一種管窺蠡測，但畢竟窺一斑可知全豹。

（1）關於題材的選擇

　　顯然，劉小梅的新詩寫作，多以新聞題材入詩。她善於通過這廣角鏡頭長推短拉，將各色各樣的人物和場景清晰的收入她的視野，並將她詩的掃描儀所掃描到的社會各個角落的時代歷史風貌經過一番精心製作，爾後凸現在讀者的眼前。對此，我們只要去仔細讀讀她的詩集《雕像》中的部分詩篇和《今夜有酒》之卷二、卷三，便會了然。尤其是當你打開她的詩集《刺心》時，只須翻閱一下它的目錄，便會情不自禁地拍板：上述指認與結論，沒錯！因此有些論者，連同詩人自己，便乾脆將這類詩作，稱之謂"新聞詩"了。其實，這類詩倒是頗類於古之行吟詩人以自己的所見所聞所感所思而寫成的那種紀事詩或者代言詩。20 世紀 70 年代中期，大陸有些詩人和論者，則將它稱之謂詩報告或報告詩。不過。如何為這類詩進行分類學方面的命名倒也並不重要，重要的則是，劉小梅執著地鍾情於以新聞入詩，怎樣有利於她生命寫作宏旨的實現？這才是值得我們去認真加以審視並須花大力氣探討的課題。

　　首先，新聞題材的紀事性有利於詩的抒寫與陳述轉化為社會顯影與歷史見證。所謂新聞，既專指各類媒體所報導的種種信息與資訊（含圖片和影像），亦泛指社會上最近所發生的可供人們作為談資的新奇的事情。其基本要素無外乎時間、地點、人物和事件。尤其是新聞人物和新聞事件，往往都是為大多數人所關注的焦點及中心。它足以吸引人們的眼球並震撼人們的心靈。因此，很多詩人都喜歡擷取新聞題材入詩，就是因為他們發現並深刻感到，“每一件新聞的背後，都拖著長長短短濃濃淡淡的時代與社會的影子”（美籍華文詩人非馬語）[32]，有的還蘊含著巨大的歷史內容與深厚的民族文化價值及長時間所凝聚而成的人文典事的積澱。因此，早在 19 世紀上半葉，俄羅斯著名美學家別林斯基在《詩的分類與分型》一文中便這樣說：“事件構成史詩的內容，像風飄過琴弦一樣震動詩人心靈的瞬間感覺，構成抒情作品的內容。”[33]

　　劉小梅的成功，恰恰就在於她“心靈的瞬間感覺”，經由某些新聞“事件”震動後，迅速爆發為詩的靈感，並隨之對其進行頗富詩意的直接而充分的表述。不僅如此，她還借此途徑，以“放眼天下”讓自己的寫作“由書寫身邊瑣事，拓展而為關懷眾生”，並進而“憑借一雙敏銳的眼，一顆柔軟的心，一支創意的筆，將一樁事或一個對象，勾勒得傳神而不失真”，同時再和她所關注所貼近所描繪的原新聞事件中的“眾生”，去“一起寂寞，一起滄桑，一起走過這個時代，……”[34]這樣，劉小梅的詩，也就自然成為社會真相的顯影，時代風貌的見証，

---

32 非馬：《凡心動了》，廣州：花城出版社，2005 年，第 85 頁。
33 別林斯基語。轉引自《文藝報》2008 年 6 月 5 日第 3 版。
34 劉小梅：《永不休耕》。詩集《雕像》後記，見該書第 189 頁。

歷史事實的錄像和人生幽微的素描。也就是說,具有了某種“史詩”的價值。

其次,新聞題材中那些足以彰顯人類生存危機和悲苦命運的人和事,不僅宜於引起世人的感觸萬端,更容易引起詩人們“深度的靈魂悸動”和心靈震顫。也就是說,新聞的現成題材,以現實生活最為真實而又豐滿的面目,為能夠堅持生命寫作的詩人提供了詩的機緣和詩的素材,詩人只要具備高度的精神意蘊和高尚心靈,便可將其信手拈來,把它轉換成詩的形式。

尤其是“那些受傷靈魂的啼哭”和“那些苦難當頭的人”所遭遇到的“滄桑與無奈”,一旦觸動了詩人極其敏感的心靈琴弦,使之午夜難眠,他們便會將新聞事件中人物的苦難,當作自己的苦難;將“事件主角‘令人窒息’的悲涼”[35],視為自己的悲涼。這種至誠關懷,所導致的感同身受及詩人與新聞人物之間因憐憫而達至的靈魂融合,便會產生一種巨大的如同核裂變一般的能量釋放。有才華的詩人立即捕捉住這種可謂之“稍縱即逝”的瞬間感覺,並迅速將其以語言文字來加以定型,加以表述,這就成了人們通常所說的“詩”,而且是一種渾然天成,足以能感動世人的詩。

德國大詩人,劇作家和思想家歌德說這,“世界是那樣廣闊豐富,生活是那樣豐富多彩”,因而詩人不會缺乏寫詩的動因。而“詩人的本領正在於他有足夠的智慧,能從慣見的平凡事物中見出引人入勝的一個側面”,並“據此來熔鑄成一個優

---

35 所摘錄的語詞,均出於劉小梅《拒絕主流》,即詩集《刺心》自序。見該書第7-9頁。

美的、生氣灌注的整體"[36]真該感謝上蒼賜福給我們的詩人劉小梅。她有幸在不受單一意識形態控制的媒體任職多年，並善於從她耳濡目染的新聞事件中擷取詩的質素，同時以她足夠的智慧去發現一個個引人入勝的生活側面，再進而駕輕就熟將其熔鑄而爲優美、生氣灌注的動人詩篇。亦應感謝大化賜給劉小梅一雙明亮而睿智的眼睛，它爲詩人找到能夠快捷熔鑄出優秀詩章的途徑，即從新聞事件中擷取現成的題材 —— 誠如歌德老人所云："如果採用現成的題材，……工作就會輕鬆些。題材既是現成的，人物和事跡就用不著新創了，詩人要做的工作就只是構成一個活的整體。"[37]亦即灌注生命於整體詩內，並且由此跟進，使詩人自身靈魂也得到淨化與升華。

　　再者，新聞題材中所反映出來的生活原貌，本身便蘊含著素樸生動感性極強的某種特殊的情境，而這種情境宜於被詩人攝取並轉化爲詩的情境。或許就是在這種意義上，歌德才說："一個特殊具體的情境通過詩人的處理，就變成帶有普遍性和詩意的東西。"而且，"詩的真正的力量和作用全在情境。"[38]從另一個角度說則是，"藝術的真正生命正在於對個別特殊事物的掌握和描繪。"因爲這是旁人"沒有親身體驗過，"也是"無法模仿"[39]的。因此，歌德老人才強調說："在個別中顯出

36　愛克曼輯錄：《歌德談話錄》，朱光潛譯，北京：人民文字出版社，1982年，
　　第6-7頁。
37　愛克曼輯錄：《歌德談話錄》，朱光潛譯，北京：人民文字出版社，1982年，
　　第9頁。
38　愛克曼輯錄：《歌德談話錄》，朱光潛譯，北京：人民文字出版社，1982年，
　　第654頁。
39　愛克曼輯錄：《歌德談話錄》，朱光潛譯，北京：人民文字出版社，1982年，
　　第10頁。

一般"，"才是詩歌的真正本性"，並說"一個人只要主動地掌握了個別，他也就掌握了一般'[40]。同時，他還認為，對個別具體事物的掌握，並精心將它們描繪出來，這不僅能引起更多的同情與共鳴，還是作者有意去闖藝術難關哩！由此可見，新聞題材所具現的情境，著實能為詩人創造詩的整體意境，提供詩思走向的恢宏原野和情感流變曉暢而曲折多變的河床。毫無疑問，它同時還能為詩人展開想像的翅膀打開敞亮的窗口或鋪墊堅實的廣場。

對此，應該說劉小梅深諳三昧。她說："一樁樁的真實個案動輒呈現在眼前，讓你無處躲藏。一個真誠關心社會的人，不可能視而不見聽而不聞，置眾生的死活於不顧。"於是，她便以她"惟一擁有的資本 —— 一枝筆"，來展現她在媒體工作期間"從朝至暮所接觸的"、"形形色色甚至不可思議的人生"個案，即彰顯眾多生動質樸、個別特殊讓人靈魂為之悸動的人和物事的情境。這樣，劉小梅便自然巧妙地在她新聞採訪所獲得的人生個案中，糅合進自己"觀察後的主觀認知"，並將自己對社會人生的深切體驗和經由直感，所激起的情緒灌注其間，再以富於韻律及節奏感的語言形式，去"創造出令世人有感的詩作"[41]來。

也可以說，劉小梅對新聞題材入詩所表述出的真切體認，與我們前面所引錄的歌德 —— 這位被偉人視為"奧林帕斯山上的宙斯"（恩格斯語）所做的精闢論述，在某種程度上是不謀

---

40 《歌德的格官和感想集》，程代熙，張惠民譯，北京：中國社會科學出版社，1982年，第81頁。

41 均引自劉小梅《拒絕主流》，即詩集《刺心》自序。見該書第7-8頁。

而合的。由此，亦可看出，劉小梅非常善於將特殊具體的情境，在一瞬間，讓它得以生動的顯現。從而，讓它所蘊含的普遍真理或理性內容，在個別具體的形象中突然顯現於讀者的感官。

即就詩集《刺心》而論，粗略統計便會發現：副標題標明"爲……而寫"者就多達 57 篇；標明"側寫……"者亦有 10 篇之多。諸如《胎教 —— 爲一名戰地記者的懷孕妻子而寫》、《冷啊 —— 爲一名被施毒過量致死的應召女而寫》、《我也有一朵康乃馨耶 —— 爲一名被子女騙光積蓄的棄母而寫》、《油鍋已在吱啦响 —— 爲一條"現宰活魚"而寫》等等。這些詩篇雖然寫的都是極其個別特殊的人和事，但它們所顯示出來的悲苦命運和生存危機，以及現代社會將善良人性扭曲到使人目不忍睹的慘烈程度，著實都足以撼人心魄，催人淚下。一句話，詩的情境，有著巨大的藝術感染力。

而《約會 —— 爲一名猝逝學童的父親而寫》、《未經彩排的戲碼 —— 側寫一批被強制拆除的"違建戶"》、《三十八家工廠 —— 一個"應徵員工"的故事》、《意外的見聞 —— 爲一群慘遭蹂躪的螃蟹而寫》等諸多篇章，讀來亦同樣令人心悸。詩中所顯現出來的社會生活的冷酷與嚴峻，及其所折射出來的現實生存境況的普遍性和某些人的心理變態，該有著多麼廣泛的影響和令人深省啊！應該說，這些詩都寫得很有分量。它們既具有很強的思想衝擊力，又具有扣人心弦的藝術魅力。它們的成功，其真諦就在於詩人能夠以自己全生命和全人格投入，去對個別特殊的情境做精心至誠地描繪。

此外，我還要說及的是，劉小梅儘管在上述三個方面取得了很大的成功，但她的創作生涯卻顯得很不輕鬆。這在於，她既要以大量的新聞題材入詩,那就不可避免地必須面對以下幾種尖銳矛盾和嚴峻挑戰:新聞事件的普泛性和廣爲人知與詩歌藝術所憧憬的陌生化;新聞事件的易逝和功能的速朽與詩歌藝術所追求的永恆生命力;新聞傳播的快捷和它的時尚性與詩創作所期冀的思想深度及歷史高度。這實際上是兩種不同體裁樣式之間的本質差異問題。所幸劉小梅的創作實踐,清晰地突顯出她在解決這些矛盾方面。儘管還存在著多種不足與薄弱環節,但她畢竟爲我們積累了"三大法寶"。

法寶之一,便是劉小梅擁有"拒絕主流"的思想武器。有之,則不會爲時尚所迷惑,所役使。德國存在主義哲學家和現代現象學的創始人胡塞爾曾說:"我們切勿爲時代而放棄永恆"[42],有了這種思想境界,劉小梅自會堅守自己的歷史使命,並超越同代人的思維模式,直接逼近文學的,尤其是詩的內核——詩之所以產生,往往源於詩人靈魂深處有一種對現實強烈的不滿足感。較之芸芸眾生,詩人的這種憤懣與不平,經常體現得比暴風驟雨還要強烈。這樣,劉小梅的心靈體驗必然迥異於他人。

法寶之二,則是劉小梅矢志不渝地堅持詩的生命寫作,她以其作爲體察、感悟、審視和觀照人生的基點。她說,"這是個萬物升值的時代,惟一貶值的是人的尊嚴。"[43]因而,尊重人,熱愛人,既尊重生者,亦尊重死者,既要竭力維護人的尊嚴,

---

42 轉引自余杰:《鐵屋中的吶喊》,北京:中華工商聯合出版社,1999年,第197頁。

43 劉小梅:《心靈開眼》,台北縣永和市:稻田出版有限公司,1996年,第124頁。

又要悉心維護人性所表現出來的純真與美善，便成了劉小梅所執意追求的人生目標。而她的諸多詩篇所顯現出來的那種以人類的悲憫與博愛情懷來抒寫她對人的尊嚴的關注，自然能迸射出人性璀璨的輝光。因此，她的詩便以其靈性得到發揮、情趣得以升華，獲得了蓬勃的生命活力。

法寶之三，乃是劉小梅善於將具有公共話語特徵的新聞題材，打上獨具劉氏個性和生命本色特徵的戳記，從而讓其成為風采獨秀的詩的精品。劉小梅多次強調，應"活出自己"並視之為座右銘，且說"'個性'是成敗的主要關鍵"。同時，她還強調作品應是心靈的寫真，（即"作家的寫真集，暴露的是心靈"。）而"最好的作品是用最真實的語言，寫出最真實的感情"[44]。正因為有了這種"個性"和"心靈"的融合，有了這種真情的投置與熔鑄，她的詩雖然較多擷取於新聞題材，但所呈現出來的，卻完全是別一種風貌與另一番情境。其間，足以見出詩人自我個性的張揚和靈魂有了歸屬的寧靜與歡欣。讀之，我們所感到的，乃是與親朋故交在促膝談心。聽她娓娓道來，似在傾訴衷腸。至於這些法寶如何運用於詩創作，那就是我們此後要談的問題。

（2）關於藝術構思

這似乎是個老生常談的話題，因而長期以來為人們擱置，尤其是某些自栩為新潮的所謂"先鋒"和"前衛"詩人，對之簡直不屑一顧。他們揚言：既要放逐美，又要摒棄立意造境的

---

44 劉小梅：《心靈開眼》，台北縣永和市：稻田出版有限公司，1996年，分別見於第56頁、第60、120和131頁。

深沉與崇高；既要逃避激情，又要隱匿感情，去進行什麼"零度寫作"；既要捨棄詩的語言藝術，又要拋卻詩之韻律和節奏感諸多規範。似乎只有他們"天才的夢囈"才能稱其為詩。

其實，藝術構思乃是詩創作不可或缺的一種動態過程。詩創作，自詩興觸發到詩意捕捉、孕育乃至熔鑄而為詩之意象或意境，直至藉助語言文字定型後而最終誕生，這一切實則均是詩人形象思維活動營運與陶冶的結果。說得更通俗些，凡是能稱得上創作的，無論是哪一種類型的詩人或藝術家，他都無法脫離藝術構思。因為作為思維活動，它自始至終貫穿於從攝取生活素材到選材和立意造境（儘管現代詩強調多義性而不看重主題的單一和鮮明），再到謀篇佈局，進而是遣詞造句，乃至節奏的營建與韻律的安排（即使是無韻體詩，亦同樣講究節奏感）等全過程之中。

也就是說，無論詩人是寫日常生活情景，還是寫自然或社會風物，抑或直接抒寫抒情主體剎那間的思想閃光，或瞬間的微妙感受及點滴經驗，其間都必然有著詩人的情緒流變和充沛的想像力與之相伴。這樣，詩人的生命狀態才能得以投射，得以展現。否則，詩根本無法誕生。

歌德在談及獨創性時曾說，"獨創性的一個最好的標誌就在於選擇題材之後，能把它加以充分的發揮，從而使得大家承認壓根兒想不到會在這個題材裡發現那麼多的東西。"[45]這裡所謂"充分的發揮"，我以為實質上指的便是，詩人創作時整個藝術構思的營運過程。誠然，它還包含著技巧的運用。

---

45 見《歌德的格言和感想集》，程代熙，張惠民譯，北京：中國社會科學出版社，第 76 頁。

　　由此看來，藝術構思在各類文學藝術創作中，其表現都是極為複雜的。惟其如此，才有其成果的千姿百態與豐富多彩。而單就詩的構思來說，儘管其涵蓋面也極為廣闊，但其中有兩個環節，則可謂成敗為之所系的關鍵。即：一是如何選擇和確立抒情主體在對客體作審美觀照時的某種角度和某種視野。二是怎樣在把客體詩化（即審美化）的同時，使主體本身也得以詩化（亦即審美化）[46]。就是說，詩人必須找到有利於自己進行審美觀照的獨特的視角，以及有利於詩化主體的某種新奇而巧妙的手段。

　　之所以必須如此，這是因為主體觀照客體的角度，總是多樣和多側面的；其視野亦是廣博寬闊的。"橫看成嶺側成峰，遠近高低各不同"，說的正是這個道理與人生體驗。加之不同詩人自有其不同角度，即使是同一位詩人在觀照同一客體時，也會經常變換他的角度，這樣才能有效地避免表現的重覆與雷同，而且各自可顯示出差異甚大的思想高度與深度。而主體的詩化，或曰詩化主體，其手段和方式同樣是變化多端、層出不窮的。但集中到一點上，則是指通過鮮明可感的意象，將抒情主體所閃現出的抽象的感受、體驗、意念、慧悟、情思和興會具體表現為"可供讀者想像、可供讀者欣賞、可與讀者共鳴的審美對象"。因此，可以說，"主體的詩化，也就是主體的審美化，主體的意象化。"[47]其間，則必然能夠展示出詩人各自迥

---

46 請參閱治芳：《激情・構思・格律 ── 〈碼金詩存〉三題》，載《詩之國》
　　雜誌第 1 期，南寧：廣西民族出版社，1994 年，第 166-167 頁。
47 請參閱治芳：《激情・構思・格律 ── 〈碼金詩存〉三題》，載《詩之國》
　　雜誌第 1 期，南寧：廣西民族出版社，1994 年，第 166-167 頁。

異的生活功底和藝術表現功力。

顯然，劉小梅的詩是非常講究藝術構思的。而且，她對上述兩個關鍵環節的把握，還充分展露出新、奇、巧的鮮明特點。因此，她的詩雖然多寫眾多詩人所共用的題材，但卻能言他人之不能言者，使其離絕凡近，不落俗套，出奇制勝，震撼人心。這裡，我們先來讀讀她的幾首短詩 ——

"以乳溝供銷產品／以臀浪招攬顧客／以笑渦創造業績／以玉腿經營生涯／／在這枯燥乏味／挑戰人類疲勞極限的高速路上／衷心為她們祈禱／紅顏／別老"（《檳榔西施》，《雕像》第 145 頁）

"百合花集體移民到／少女的衣衫上／／你看／她們也正經八百地／讀起泰戈爾的詩來了"（《衛景》之 21，《影像的約會》第 82 頁。

讀及前者，我忽然想起魯迅先生的《故鄉》所寫的那位"豆腐西施"來。她有著"凸顴骨，薄嘴唇"，臉上"擦著白粉"，還有著"畫圖儀裡細腳伶仃的圓規"一般的腿腳。即便如此，那豆腐店卻因有她終日坐在裡面，則顯得"買賣非常好"。但那畢竟是上一世紀 20 年代之初，浙東小鎮出現的景象啊！這裡，劉小梅筆下的檳榔西施，卻顯得更為"現代"，更加風騷。

你看，她有著少婦特有的天生麗質：線條明晰的乳溝、臀浪；令人癡迷的笑渦、玉腿。藉此去為自己經營的小本生意"創造業績"並賴以維持溫飽。只是這樣去招攬顧客，難免不使自己的人格尊嚴喪失殆盡，而且青春易逝，人老珠黃後又該何以維生？因此詩人便痛惜地以悲憫情懷，"衷心為她們祈禱／紅顏／別老" —— 可見詩人在對"客體"檳榔西施進行觀照並加以表現時，她所選擇的視角，乃是畸形社會造就了畸形行業和諸多畸形的人物。人生的嚴峻與現實的冷酷，盡在不言之中。難得的是，在慨嘆之餘，抒情主體還藉著痛切地祈禱，使自身亦得以詩化。其人格魅力和悲憫情懷，同樣力透紙背，躍然而出。── 試想，在這樣短小精悍的描述裡，便鮮明生動地既爲客體檳榔西施，又爲主體詩人自我，來了個快鏡頭的 "傳神寫照"，而且有效地避免了空泛與浮淺，避免了造作與矯情，若無藝術構思的精巧，能夠寫得那樣輕鬆自如，抑或說那樣得心應手嗎？

　　如果說《檳榔西施》一詩的藝術構思側重於對 "客體" 作審美觀照並輔之以在把客體詩化的同時，讓主體本身也得以詩化的話，那麼《街景》之 21，則著重於詩化主體的表述。瞧啊，明明是詩人漫步街頭，看見一群衣著光鮮的少女，在街旁綠蔭下徘徊誦讀詩文，那無疑亦是一幅鮮明而優美的畫圖，它所激發的美感，誠然亦有著較強的衝擊力。但是，這種感受卻過於空泛，更因其司空見慣，寫出來則難以產生動人的力量。詩人劉小梅則不然，她別出心栽，自出機杼，神工鬼斧般地用她的詩筆，爲我們展現出一幅幅既具流動美又具撼人心魄之力的鮮明畫面。

　　首先，她將自己所見少女衣衫上的圖案人格化，起筆不凡來了句 "百合花集體移民到／少女的衣衫上"，而且將它分爲兩行，並自成一節，讓節與節之間的留白，去誘發讀者更多的聯想和細膩的體味。進而，她提醒讀者注意，以 "你看" 領起，將詩思的運行推進至第二節。至此，我們所看到的詩人筆下的客體，本來應爲少女卻變幻成既潔白勁挺，又象徵著高尚情操的百合花，它不僅以特有的風姿吸引了讀者的雙眸，而且"她們也正經八百地／讀起泰戈爾的詩集來了"。這裡"她們"所指代的既是百合花，亦是少女們。一個極其普通的"也"字，將二者勾連在一起。人也？花也？少女與百合花的外在形象融而爲一，而且都在誦讀東方第一位獲諾貝爾文學獎的詩人泰戈爾的詩章 —— 那可是深蘊著東方神秘美的一種藝術品！這樣，詩人眼中的少女所具有的東方美，也就隨著極具張力的詩的語言的變換，亦即隨著她所描繪的客體形象的變幻，鮮明的突顯出來。僅僅是一種抽象的美的感愛，卻化爲多幅具有流動美的明麗畫面展現在讀者眼前。詩人善於化"美"（靜態）爲"媚"（動態）的意象創造不僅彰顯出她有著堅實而深厚的藝術表現功底，也彰顯出她藝術構思的新奇。

　　倘若，我們上面的論析能得到認可的話，那麼在藝術構思中，有的側重於對客體的觀照與表現，有的則側重於展示抒情主體的自身詩化，當是無可置疑的一種藝術表現規律及認知的存在。作爲詩創作的特殊形態，能否二者兼顧，讓它們共存於詩的藝術構思之中，這便是我們下面所要論及的話題。對此，我們的回答當然是肯定的。且看《許你一個未來》 ——

　　　　"將你的青春／浸入福馬林／做爲我永恆回味的標本
　　　　／／將你的溫柔／裹成木乃伊／置於我從不對外開放
　　　　的心室／／將你的滄桑／冰存零下攝氏十八度／做爲
　　　　我雕像塑模的藍圖／／將你的名字／裝進時空膠囊／
　　　　飛越千秋萬代物質不滅"（《許你一個未來》，《雕像》
　　　　46-47 頁）。

　　讀後，可明顯感受到，詩中所寫的"客體"是"你"，即抒情主體所傾心，所慕念的那一位白馬王子所留下的"青春"、"溫柔"、"滄桑"和"名字"。但在藝術表現方面，卻沒有正面著筆，也沒有將它們作為"主詞"來加以描摹。詩人卻將較多的筆墨，投放在它們在抒情主體心目中的位置，及其所引起的強烈震動與其所做的反應及應對策略上。因此，詩中的客體和主體實際上則由於互為因果而融為一體。那種深情執著的繾綣，完全將二者膠合在一起。

再就意象化的運思過程來說，我們很難說清究竟是客體，還是主體作為詩的觸發點，或者作為詩思向前推進的契機乃至動力源。說它是"興發於此而意歸於彼"，亦未嘗不可。但其間因為"彼"、"此"互動因果，我們仍然難以去加以分割。這裡，我們所能見到的，只是"彼"、"此"的熨貼，諧和之間所展露出的詩人特定的情懷，及其詩之旨趣。—— 當然，我們若不將它作為情詩來加以解讀，而將它看成詩人在深情懷念和書寫一個特定歷史時期，抑或她所癡愛的詩歌藝術事業，那倒也是可以品評出另一番詩味來的。

此外，本詩還顯露出以下兩個特點：其一，全詩共 12 行，每三行為一節，均用"將你的……"領起建節，每節詩的節奏大體相近。因而當屬半格律體之列；其二，每節三行，均由隱去主詞的"無主句"構成，但卻是可各自獨立的完整的"意象群"。這樣，全詩實為四個意象群並置而成。因而，從創制詩體方面看，我們則可名之曰：意象群並列組合式。就是說，它在語言運用與詩體創製方面，亦得益於精巧的藝術構思，其苦心孤詣也就不言而喻了。

(3) 關於語言策略的運用

　　從嚴格意義上說，詩歌藝術實乃語言藝術。凡優秀詩人無不重視錘煉自己所使用的語言。同時，無不注意打造自己的語言風格和獨創自己的語言策略。在選材之後，怎樣表現自己的獨特發現和深入開掘，以及怎樣去描摹自己所要展示的客體人物和動人情境及至形態各異的自然風物，又怎樣去將自身意象化，亦即"詩化"或曰"審美化"，凡此種種，無不昭示出，對語言策略的運用，便成了詩人進行藝術構思的重要一環。同樣，這一環絕不可缺。而對於堅守生命寫作的詩人來說，由於他（她）執著於頑強地表現自己的個性和生命狀態，以及靈魂深處的悸動與震顫，執著於抒寫自身誠摯的情懷和感情流變，運用語言策略便顯得尤爲重要。

　　可喜的是，我們看到劉小梅在這一方面，也同樣取得了不容低估的藝術成就。單就嚴格的學理和詩學本體的依據而言。劉小梅自其初登詩壇至今，歷時雖然不長，但她所創作的詩歌文本，卻始終都是詩人主體性和她內在精神的張揚。即使她去著力展示社會生活狀況及眾生相，她也會極力突破時代語境和歷史語境的影響，而使用打上劉氏印記的個人活語。

　　更難能可貴的是，她從未屈服於台灣形形色色的社會潮流，亦不受各種強勢的政治霸權話語和意識形態語境所束縛，所左右。她，不屑於去充當集體性經臉的傳聲筒，（有的集體性經驗，實爲某種政治權力所操控，所導演而形成，不僅虛幻，而且充滿著"瞞和騙"，極其險惡！）亦不屑於視作家和詩人爲文化精英、爲啓蒙者而居高臨下地去描述、去灌輸、去宣示那些自以爲是的所謂先進思想或科學道理，那種實則令人作嘔的 "廣場姿態" 和 "領袖風範" ；這可是各個歷史時期諸多華語詩人賴以晉身的 "絕招" ，與藉以維護生命的 "通靈寶玉" 啊！更不屑於使用過於招搖的集團話語和人云亦云，嚴重缺乏創造性和再生力而多具粉飾與寄生意味的規範化用語。

　　她，卻以自己特有的詩人良知和佛家弟子的慧悟，以自己盈溢著悲憫與憂患意識的博大情懷，去對複雜多變的社會生活與生命狀態，進行雙重關注與觀照；對詩歌藝術的本體性和抒情主體的個體性，進行逼視與張揚。同時，她還讓自己記憶中諸多傳統文化的質素得以激活，並進而經由自身人格化和心靈化的熔鑄、淨化與升華，再以極具生發性、新穎而戛戛獨造的意象化語言出之。這樣，她的詩便自然迥異於他人的風采。清新明麗，卻不乏睿智深沉；素樸無華，卻又能 "氣揚采飛" （劉勰語，指風骨辭采俱佳。）這就是我們所讀到的劉小梅。

　　那麼，劉小梅何以能抵達這一詩之勝境呢？我以爲除上述善於選材和精於藝術構思外，她還得益於對語言策略審慎而嫻熟的運用（實則亦爲藝術構思之重要一翼）。 —— 這裡，我們不擬去談那些爲人常用的修辭手法，諸如鋪陳排比，妙用比喻，抑或烘托，渲染以及誇張、潤飾等等；亦不欲去探討諸多審美觀念，例如象徵、暗示、變形、反諷以及意象疊加等，人人皆可用之的形象思維方式與手段。我們僅想仍然著眼於藝術構思方面，談談那些爲他人所不常用或雖用而不精巧的藝術方略，劉小梅卻能將其 "加以充分的發揮" ，從而達到事半功倍，甚至一石多鳥的卓越藝術效果。即舉其要者，來審視她所使用的語言策略。

　　首先，著力於將陳述性語言轉換爲意象化語言，並藉以展示詩之客體和主體的鮮明個性，進而達至古人所要求的"情融神會"，"窮神盡形"，使其具有"傳神寫照"的美感。這是一種很高的藝術境界，非優秀而傑出的詩人則難以抵達。劉小梅曾說，"任何藝術若能做到'傳神'，幾乎就達到了完美"。可見，她對此早就有了明晰的認識和感悟，而且將其作爲自己拼力以求的一大目標。且看——

　　"掃帚與抹布／陪伴著她的一生／馬桶與垃圾／主宰著她的命運／她的目光只對舊報紙放電／她的個性只對廢棄物展示"（《雕像·清潔婦》節錄）

　　"悠閑的女人們／將午後生意清淡的咖啡廳／險些燃燒起來／以她們足可照亮一座城市的／珠光寶氣／煩惱得嚴重失眠的她們／正事態緊急地開著圓桌會議／究竟該投資多少／購買營養不良"（組詩《街景》之17，見詩集《影像的約會》，第79-80頁）。

　　"漫步／在熟悉卻又陌生的街道／突然想起／啊／家裡爐上那鍋青春／早燉爛了"（《漫步》10帖之一，見詩集《今夜有酒》第27頁）

　　這裡所描摹的三類迥然有異的婦女形象，無論是那位雖迷戀華爾滋，卻只能靠做清潔工換取微薄生活費的清潔婦，還是那群無所事事而肥得冒油的貴富女人們，她們都有著各自的無奈與落寞，有著鮮明的個性和莫明的煩惱——姑且不論抒情主體對她們執有怎樣的看法和態度。就連那位看似抒情主體又非詩人本人而漫步於街旁的少婦，也因猛然想起"爐上那鍋青春"，"早燉爛了"，而頓生青春易逝，良辰美景難留之慨

——生命狀態儘管千奇百怪，但卻都有著各自情味不同的酸甜苦辣……儘管劉小梅曾確定“人生的真諦在於悠游自在過日子”[48]，但是，難啊！頭上那千根煩惱絲，總是剪不斷，理還亂的！

——我們把話頭再拉回來，讀罷上引詩章，無論你會有什麼感受或慨嘆，你均可意識到詩中對客體的抒寫，都甚爲傳神。其奧妙則在於，它能通過意象鮮明的語言，突顯出人物自身鮮活的個性——“在藝術中，有‘性格’的作品，才算是美的”。“因爲性格就是外部真實所表現於內在的真實，就是人的面目、姿勢和動作，……所表現的靈魂、感情和思想。”[49]——藝術大師羅丹如斯說。這也是劉小梅語言策略的緣由之一。

善於捕捉平凡無奇的具體生活情境，或將他人不予注意的生活細節入詩，且均能以幽默詼諧的語言出之，從而使其詩達至或利於某種情緒的宣洩，或藉以強化其嘲諷意味的藝術效果，這同樣能出奇制勝。請吟誦：

“把日子梳成一種新款式”打開書的鈕扣／裸露的內容／鮮美而聳動／燈也眯著眼兒／看得廢寢忘餐／／當心□頸子歪了／作者忍不住／重重地咳了一聲”（《把日子梳成一種新款式》，見《種植一株寧靜》，第130頁）

——本詩首行自成一節，亦即點明詩題。第二節五行，所呈現出來的生活情境，實爲燈下夜讀，而且將所讀之書亦人格

---

48 劉小梅：《心靈開眼》，新北市永和區：稻田出版有限公司，1996年，第122、135頁。
49 羅丹：《羅丹藝術論》，北京：人民美術出版社，1978年，第25-26頁。

化。從總的方面來說，這真的是太平常不過了。然而，作者筆下所寫，卻是那樣生動鮮活，畫面明麗。夜讀者痴迷而有所發現、有所感悟的欣喜之情，亦洋溢其間，濃烈如酒。結尾一節，更馳騁想像，該書的作者也"現身"燈下，他還"重重地咳了一聲"，"警告"夜讀者可得"當心"呢！這便實寫出夜讀者讀得入迷，讀得出神栩栩如生的情態。那情境真可謂歷歷在目啊！——僅此簡單幾筆·便既虛且實的勾勒出夜讀者的形象、心境和情緒流變的起伏跌宕，真非大手筆莫能為也！而這一切，卻又得益於詩語的幽默詼諧而風趣。再看：

> "聯考過後／就再也沒被寵幸過／如今／忝占書房一隅養老／免房租／免繳地價稅／臺北的天空很慈悲／／閑來無事／攬鏡自照／赫然已見老人斑／左鄰右舍姐妹們／正呼朋引伴要去改頭換面／惟獨她／趕緊拍照存証／準備申請老人年金"（《長了老人斑的辭典》，見《雕像》第 179-180 頁）。

——這本辭書可沒有上引詩中所寫的那本書那樣幸運。"聯考"過後，它便像失寵的后妃被打入冷宮，而且臉上長出"老人斑"。（黴點）這種不易被人覺察的生活細節，卻被劉小梅納入詩中，而且還以其為詩思噴爆的觸發點，並同樣詼諧風趣地將其舒展擴充而編織點染成一首出色的短詩。它於頗帶戲謔的語氣中，糅合進詩人對應試教育制度的嘲諷，既切中時弊又辛辣夠味。

其他如《中年生活改良之芻議》、《自首》（分別見《影像的約會》，第 174、20 頁）和《愛之味》（見《今夜有酒》，第 108 頁）諸詩篇，雖題材大不一樣，但語言風格則均極具幽默感。而像《諾貝爾熱》、《會寫詩的蚊子》和《並無不實廣告》（分別見《雕像》，第 39、152、170 頁），以及《交接》、《今夜有酒》（見詩集《今夜有酒》，第 89、114 頁）等等，這些詩章，則均以其生氣淋漓，情思飽滿直指人心；於諷時刺世，幽隱歌笑之間，讓人讀後不僅忍俊不禁，而且不得不凝眉思忖。這類詩既顯得風趣幽默，更在辛辣嘲諷人情世態方面，顯得入木三分。

誠然，這種語言風格的詩篇，往往經得起咀嚼，耐得住玩味。那麼，這種詩何以能具有如此巨大的藝術魅力呢？——"因為幽默一定和明達及合理的精神聯系在一起，再加上心智上的……微妙力量"，便成為"人類智能的最高形式。"[50]其利器則是通過影射、諷喻、雙關等多種修辭手法，在善意的微笑中，去披露生活之乖訛和不通情理之弊，從而易於激起廣大讀者的心靈悸動與共鳴。而與之緊相聯系的風趣，在更深層次上則為，"風趣者，見文字之天真；於極莊重之中，有時風趣間出。然亦由見地高，精神完，于文字境界中綽然有餘，故能在不經意中涉筆成趣。"（林紓《春覺齋論文》）因此，不言而喻，這種語言所形成的風致，則足以能創造出一種感人至深的藝術境界。

至於說及嘲諷，它自然包括嘲笑和諷刺兩個方面。其目的和作用，則在於"將那無價值的撕破給人看，"（魯迅語）它所使用的語言，除具有幽默風趣的特點外，往往更顯得尖刻潑辣，乃至利如鋒刃，而又妙趣橫生，既著力於生動描摹，又不乏鞭辟入裡地為其靈魂寫真。其手段，或是短兵相接，徑直勾

---

50 林語堂：《論幽默感》，何乃安：《幽默人生》，廣州：花城出版社，1991年，第 13 頁。

畫被嘲諷者給人留下的笑柄；或於憤怒之中，讓人逼視嘲諷對象的醜陋與猙獰，從而發出戰鬥的笑聲；抑或藉輕鬆的戲謔與俏皮的亦莊亦諧，"婉而諷"，成就其藝術上的"傳神"。

同時，我們還清楚記得："最足以顯示一個人的性格的，莫過於他所嘲笑的是什麼東西。"（歌德語）[51]也"只有'性格'的力量才能造成藝術的美"。"美就是性格和表現。"（羅丹語）[52]由此看來，運用這種語言策略並創造這種語言格調，其實就是在展露詩人自身的個性並藉此來創造"藝術的美"。這樣，當然既能提高作品的藝術感染力，又能使詩思得以升華。

再者，致力於將日常生活中的慣用語轉換成更具口語化、個性化和動作性甚強的語言，並藉以在矛盾衝突中去突顯故事情節及人物性格特徵。這也是詩創作顯見成效的一條途徑。換言之，劉小梅善於運用戲劇化的藝術手段，或曰戲劇化的語言策略來進行創作。請閱讀以下幾首短詩 ——

"漫步湖邊／冷不防／被垂柳吻了一記／我立刻興師間罪／他囁囁嚅嚅地答道／都是／風／幕後主使"（《散心》，見《雕像》，第 26 頁）

"從未雲雨過的蝴蝶／情不自禁／偷偷吻了繡球花／的粉嫩面頰／／它說／是在彩排／即將在大地劇院上演的／一齣舞展"（組詩《那一天……》之 8《芒種》，見詩集《雕像》，第 84-85 頁）。

"當那只／顫顫驚驚的手／覆蓋於我的手背時／就像轟隆一聲雷擊／不偏不倚地／射中我毫無預警的心脈

---

51 見《歌德的格言和感想集》，第 52 頁。
52 羅丹：《羅丹藝術論》，北京：人民美術出版社，1978 年，第 62 頁。

／／醫生搖著頭說／是病史上僅次於死亡的創例／四度灼傷／需要終生悉心療養／我以欣慰的眼神回答／別擔憂／這正是我活下去的力量”（《觸電》，見《影像的約會》，第22頁）。

不難看出，抒情主體“我”所漫步的湖濱，景色宜人。垂柳在春風中搖曳，婀娜多姿，令人醉心。偏巧，拂蕩的柳絲碰觸在“我”的臉上，興奮之情便在心海中激蕩起陣陣漣漪，於是詩思也就由此誕生。但是，詩人信筆寫來，卻又顯得那樣別具匠心。“冷不防／被垂柳吻了一記，”脫口而出，令人擊節稱是。

— 柳樹，尤其是垂柳，向來被歷代詩人視爲多情之物。清代文學家張潮，甚至認爲它是“宇宙間感人最深的四物之一”。林語堂先生則說“它是最美妙的女性的樹。”[53]因此，詩中的垂柳，常被視爲有著纖細之美的少女形象的化身。只是她的個性卻多了些熱烈與火辣而已。你看，她竟於不意間狂“吻”漫步者一記！這“一記”，可不能僅僅理解爲“一次”，似應理解爲它在被吻者面頰上留下了深深的印記。（也許是唇膏或口紅吧！）— 語言描述上的強烈動作性，更爲讀者展開戲劇性的場景和平中見奇的故事情節。於是，才有了下一節詩的“興師問罪”，（亦可理解爲因“驚艷”而喜出望外的一種故意試探性的“責問”）並逼出詩的結尾。那位施吻者，囁嚅地坦誠“交待”— “都是／風／幕後主使”！至此，戲劇化的演出，便在舒緩的陳述中落下帷幕。但它卻給人留下無窮的回味。

---

53 約見於“林語堂小品”《幽默人生》，北京：人民美術出版社，1978年，第214頁。

豈不是嗎？詩所呈現出來的情境，簡直就是以春風為媒的"驚艷"小品！詩中人物，音容笑貌宛然可見；詩裡的故事，雖單純卻也生動逼真；同時，詩的畫面，縝密和諧；詩的語言，極富動作性。這就擴大了詩的張力；從而推動著故事情節的發展，並使其跌宕多姿。一幅原本似乎平靜的生活圖景，在詩人筆下，竟幻化成一幀情思飛騰，意象鮮明而又充滿著流動美的動人長卷。這一切都顯示出劉小梅有著不同凡響的藝術表現功力，而且令人感佩。

《芒種》一題，則是將它作為《散心》的續篇或姊妹篇引錄在此。只是其中女性形象的個性特徵稍顯羞澀、靦腆。她在"情不自禁"時，"吻"對方一記，卻又伶牙俐齒地說，"是在彩排／即將在大地劇院上演的／一齣舞展"。用以自我解嘲，倒是透露出幾分機智，幾分善辯。全詩亦在並不激烈衝突的嬉戲中，以其動作性頗強的語言，突顯出人物個性。同樣，兩首詩均以其獨特的視角，抒寫出人與自然的和諧相處。戲劇化的矛盾衝突，幽默而風趣的藝術表現，均將美好的場景和詩人愉悅的心境於瞬間巧妙推出。其間，無論是抒情主體的形象，還是人格化了的"物"的形象，都能在戲劇場景中得以放大，而以特寫鏡頭彰顯於讀者的眼前，給人以美的感受。

《觸電》一詩，亦見精采。它在戲劇化的矛盾衝突中，簡單幾筆便寫活了幾個人物。詩中似未交待故事最初發生的地點，（這也是戲劇要素啊！）其實不然 —— 劈頭一個"當"字，躍入人們的眼簾。它的橫空出世，顯然昭示出下面的故事，截取自此前發生的特定時空（場景）之中 —— 也許就是《散心》一詩所寫的那種垂柳掩映下的湖濱吧！一對初戀者漫步于柳浪聞鶯的花前月下。大概是因為雙方雖心儀已久，但卻未明確究竟是什麼關係，因此便出現了如下激動人心的一幕："……那只／顫顫驚驚的手／覆蓋於我的手背……"而"我"的感受又該如何呢？——"就像轟隆一聲雷擊／不偏不倚地／射中我毫無預警的心臟"。——僅此刹那間的一個舉動，便不僅推動了故事的發展而且造成了懸念。

至此，施動者（無論理解為是男方還是女方，均可。我意將其理解為男方，更顯其主動，則較宜！）當時那種羞怯與試探的心態，雖未有隻言片語，卻以其肢體語言，得以充分顯露。（這當是東方人所特有的含蓄而溫馨的示愛方式！）被觸撫者，則因為雖對之有意，卻迫於羞澀和始料未及——這種真誠與熱烈的愛來得似乎有些突然，而心靈恰如雷擊般遭遇震撼。其情其態均皆躍然紙上，真可謂活靈活現！——於是，戲劇化的場景便自然轉入下一幕。

詩的第二節，醫生所做的"診斷"，則完全出於職業和專業特質的考慮，因而一再叮囑"我"，必須"悉心療傷"。——不想，戲劇情節又來了個"突轉"——來自對方的撫摸，正中下懷。原來"雷擊"般的震撼，是因為"欣慰"所致。"病史上僅次於死亡的創例"，竟在刹那間變成一種"活下去的力量"！這裡面還包含著多少潛台詞哩：諸如，欲說而不能說，或是欲言卻出於自尊而不便言者。故事情節經過一番出人意料的大起大落之後，戛然而止，卻收到此時無聲勝有聲的藝術效果。李漁（笠翁）所要求的富有成效的戲劇藝術手段，諸如巧合、誤會、突轉、發現、吃驚等，在此均有著成功的體現。

尚須提及的是，早在新詩誕生之最初兩年，康白情便說過，

"戲劇是最能美化宇宙動象底藝術，所以最好的文學必得借鏡
於戲劇。"[54]直到 1948 年 6 月，後來被文學史家稱之謂 "九葉
詩人" 之一的袁可嘉先生才公開倡導 "新詩戲劇化" ，並說，
"新詩戲劇化" ， "即是設法使意志與情感都得著戲劇的表
現，而閃避說教或感傷的惡劣傾向"[55]。但由於社會歷史的巨
變，很多詩人在這方面，卻未能取得應有的藝術成就及其建樹。
倒是到了 1975 年。台灣詩人瘂弦才在一篇題爲《芙蓉癖的怪客
—— 康白情其人其詩》的文章中，重新論及新詩的戲劇化。隨
後又於 1980 年，在他所寫的長篇論文《現代詩的省思 —— 當代
中國新文學大系導言》中再次明確指出： "詩是一種演出，一
種表現，不是平面的敘述和直白"[56]。和他同時代的詩人張默先
生，亦曾斷言： "詩是個人內在獨特、繽紛、悲壯的演出"[57]有
鑒於此，我們再回過頭來，去讀讀劉小梅那些戲劇化的麗辭華
章，又該做怎樣的感想和體悟啊？ —— 那些詩篇，畢竟在豐富
的想像之中躍動著生命滾燙的熱力。

　　策略之四，乃爲善於借助嵌入或化用等語言技能和修辭手
段，將名篇經典中的名言警語，或被世人認可的各種精闢而言
約意豐的語詞嵌入或化用入詩，以推動詩創作藝術構思的順利
進行；或是借以串連起多種意象，擴大詩的思想內涵和意蘊，
並用作增強詩的語言表現力，以達致生動活潑，傳神入化的藝

---

54 見瘂弦：《中國新詩研究》，台北：洪範書店，1987 年，第 178 和 20 頁。

55 引自袁可嘉：《新詩戲劇化》，載於《詩創造》（詩倫專號），上海：星群
　　出版社，1948 年 6 月版，第 3 頁。

56 見瘂弦：《中國新詩研究》，台北：洪範書店，1987 年，第 178 和 20 頁。

57 引自台灣著名詩人張默評論集，《狂飲時間的星粒》，傅天虹編，北京：作
　　家出版社，2007 年，第 205 頁。

術境地。這也是歷代詩人爲我們留下的成功的藝術經驗。只是不少現代詩人並未真正意識到這一點而已。而通覽劉小梅詩作，則不難發現，她在使用這一語言策略時，其成效突出表現爲三個方面——

其一，請先讀讀這樣幾首短詩：

"風　在水面淫舞／花　在枝頭思凡／雪　在腦海禪冥／月　在雲中閉關／我　在風花雪月中／入定"（組詩《連假》之3，見《雕像》，第78頁）

"不曾染指過　春／不曾推翻過　夏／不曾蹦躂過秋／不曾出賣過　冬／岩峰啊／它只專心潛修／宏偉"（《生活協奏曲》之31，見《種植一株寧靜》，第50頁）

"周末／親自下廚／做了一頓豐盛的宵夜／／一碟李後主／一碟蘇東坡／一碟陶淵明／一鍋現代詩／／撐得我一夜難眠"（《宵夜》），見《影像的約會》，第59頁。

勿須多加論析，劉小梅著意將"風花雪月"和"春夏秋冬"拆開來放置在詩行之首或尾，且中間還有意空一格將其隔斷，以引人注意。《宵夜》一題，則將幾位古代名詩人的姓名置於中間一節詩的行末。它們所起的作用，都是藉以形成並列的意象群，且在全詩形式建構方面，使之成爲主體詩行。這樣，前兩篇還使全詩的結尾造成強烈反差，從而有利於題旨的深化。後一首更見匠心：將李後主、蘇東坡、陶淵明與"現代詩"並列，已使人思忖；而作爲修飾語的限制詞"一碟"與"一鍋"之間的形體及容量的差異，更令人不得不爲之破顏一笑。詩歌

語言的幽默詼諧頓使全詩猛增光彩。同時，讀者若將這些嵌入
詩行的關鍵詞語視爲詩思運營的誘因，亦未嘗不可。

其二，如果說上引諸詩所嵌入的名物詞語較易察覺，甚至
可認爲是一目了然的話，那麼，以下的嵌入便不是那樣顯眼了。
請看：

> "……沒有傷害賠償／沒有失業救濟／沒有民代撐腰
> ／沒有媒體炒作／連神祇／也沒吭氣／／倉皇辭廟／
> 是失敗者的下場／垂淚對宮娥／恨自己沒學會寫詩／
> 流亡／不必然能得諾貝爾獎／…"（節錄自《勝利者已
> 將尾巴翹起──為一隻喪權猴王而寫》，見詩集《刺
> 心》，第 92-93 頁）。

其中四個以"沒有"領起的社會生活通常用語和後面提及
的"諾貝爾獎"一詞，看似均係信手拈來而嵌入詩句，實則乃
爲精心運思，藉以表現喪權猴王的"不幸"遭遇及其十分沮喪
的心境。亦讓人窺見社會生活的極不公正。至於"倉皇辭廟"
和"垂淚對宮娥"，則出自南唐後主李煜《破陣子》）這種典
事的運用，妙在"借古人之境界爲我之境界。"（王國維語，
見《人間詞話》）無論是詩思的升騰，還是詩意的拓展，都顯
得風華流麗，情致盎然。即使有些讀者不知這是借用李後主之
語，從中也能讀出失敗者的幾分悲涼，幾分辛酸……

再看：

> "顧客上門時／賣幾斤紅塵／／生意清淡時／誦一卷
> 心經／／十八年的蕃茄生涯／不垢不淨／／'大學
> 生'販售業績／不減不增／葬儀車吹唱而過／他僅尋
> 常一句：不減不生／／遠離顛倒夢想／一夜好眠／／晨

起／梳洗掉一切掛礙／他又將重返市囂／觀看一波波
行色匆匆的／無明”（《蕃茄先生》，見《刺心》，第
184-185 頁）——本詩的最大奧妙，在於詩人劉小梅從
佛家經典《心經》（全稱爲《摩訶般若波羅蜜多心經》）
的 260 字之中，拈出“不垢不淨，”“不減不增”、（原
文爲“不增不減”，詩中爲了韻律之美而有意倒置）
“不滅不生”、（原文爲“不生不滅”！）“顛倒夢
想”、“掛礙”和“無明”，連同“心經”共 22 字，
嵌入全詩關鍵處，貼切自然。全詩出人意料的透過經營
蕃茄生意的商販者的生活感受與生活視境，糅合進對佛
理佛性佛道的闡釋，若對佛學對詩藝二者沒有很深的造
詣，那是根本無法進行這方面寫作的。[58]

　　其三，更爲高超的借鑒，乃爲善於擷取前人或他人之詩意
及其藝術表現之技法，將其化入自己所創造的詩境，即“以己
意己才發之”，（明·王世貞《藝苑巵言》）使其達致鬼斧運
斤，不著微痕之勝境。這實際上既是一種語言策略，也是一種
藝術構思的制勝妙招。這樣創作出來的詩篇，往往易於抵達“無
技巧”境界。

　　請讀讀劉小梅這樣幾首短章：

“從此／老愛坐在那家餐廳那個角落／點一客回憶／
細細咀嚼你的顏容／直到侍者頻催／才拎起你的影子
／孑然而去”。“將你說過的話／一字不漏地／封入錦
囊／發酵／如釀一甕醇酒／待老時／獨酌／不邀梧桐

---

58 請參閱金劍：《一位“拒絕主流”的詩人劉小梅》，見《種植一株寧靜》，
　　附錄一。

／和／月牙。"

"將你的影子疊好／鎖在心櫃裡／閒時／翻看／每種
款式／都那麼別致。"（《戀歌》之二、之四、之六。
見詩集《今夜有酒》，第 20-23 頁）

"趁新鮮／將月亮摘下／以荷包蛋的火候／煎來下酒
／／從此／不再染患相思。"（《中秋》）

"將愛／送進冰庫封存／溫度過高容易腐敗／／待知
音來訪／再取出解凍。"（《女兒心》）

"將你／裁剪成書簽／夾在扉頁裡／／日子便鮮艷
了。"（《日日春》）──（此三題，分別見於詩集《影
像的約會》，第 17、29 和 30 頁。）

　　這裡所引六首短詩或曰小詩，實屬兩種類型。前三首共有
一個總的詩題，即《戀歌》，而且從詩體形式建構方面說，則
均為"獨章體的單節式"；從藝術構思的角度講，則皆表現為
瀏亮暢達，一氣呵成。而且，用韻以強化音樂美（盡管腳韻的
安排，較為稀疏）。後三首各有詩題，形式建構則為"獨章體
的雙節式。"[59]因此，詩節間情感流變跳躍性較大，形成跌宕之
勢。但從總的方面說，這六首詩都是甚為出色的愛情詩。它們
都寫得情意纏綿，詩思細膩委婉。有的令人莞爾，有的逼人低
徊留戀。字裡行間洋溢著幾多癡情、幾多思念、幾多期盼！無
奈伊人遠去，僅留下一抹倩影來和自己的靈魂繾綣。讀之，誰
能不蕩氣回腸，甚而為之唏噓慨嘆？……

　　曾有論者談及《戀歌之四》等詩作時，或說會讓人"輕易

---

59 關於形式建構問題，均請參閱拙著《新詩大千》，合肥：安徽文藝出版社，
　　1994 年。

想起夏宇的《復仇》"，或講"可以比美夏宇那首《甜蜜的復仇》"[60]實則是在說詩創作藝術構思的誘因，亦即在說文學創作過程中，作家與作家之間，作品與作品之間的影響與借鑒，或是在講文學創作的文化歷史淵源。（誠然，這又是一個甚爲深奧而須進行深入探討的課題，此處當然無法展開論述）。

　應該肯定，夏宇的《甜蜜的復仇》一詩，著實堪稱愛情詩中抒寫懷念之情的詩之絕響。你看："把你的影子加點鹽／醃起來／風乾／／老的時候／下酒"。[61]多麼情深意切的愛戀，多麼銘心刻骨的懷念！—— 這裡所用的句式及某些關鍵詞語，即原型意象，在上引幾首劉小梅的詩中，亦可瞧見。依此，說劉小梅在創作時曾受惠於夏宇，自然無可厚非。但這並不影響我們說劉小梅善於創新和苦心孤詣地經營！因爲諸如"影子"、"下酒"和"把你的…（多用"將你…"）等詞語和句式，實爲活在人們日常生活中的生猛話語，人人皆可用之。至於能否用得奇，用得巧，用得出彩，那就要看誰能"妙手偶得之"了。同時，作爲構成文學語言的部件，還要看詩人們各有什麼招路，將其放置在最爲恰當的地方。也就是說，看誰能成功地將它們嵌入或化入自己獨特的藝術構思之中，再跟其它的意象或意蘊相勾連、相組接、相溶合，從而創制出嶄新的篇章來。而這恰恰又成了審視詩人才華的一種標尺。

　再從更深的層次上說，漢字本身的形體結構便具有形音義三位一體的鮮明特點。有的一個字或一個詞就是一首詩。至少

---

60 引文分別見於蕭蕭和管管二位先生爲劉小梅詩集《今夜有酒》所寫的序言。
61 夏宇：《甜蜜的復仇》，引錄自張默，蕭蕭編：《新詩三百首》（下冊），
　台北市：九歌出版社，1995年，第1112頁。

也可以啓發那些才華橫溢、想像力豐富的詩人，以其形態及其所包蘊的原始意象與它所承載的信息量爲誘發力，爲依托，去展開更爲恢宏博大的形象思維，從而創造出不同凡響的詩章。換句話說，從詩的生成角度方面看，"字思維"所起的作用，是根本不允忽視的。因此，深化自己對漢字和漢語言的理解與把握，深化自己的文化素養及文化儲備，這對任何一種文學創作，都是極爲重要，極爲關鍵的修煉。有了這種修業，便能善於從前人作品或日常生活用語的鮮活意象中，去捕捉和擷取某一字詞，作爲自己詩思萌生的觸發點。我看劉小梅很有這種能耐。

尤其是小詩的創作，更是如此。所謂小詩，除了形體較小，字少意豐，言簡意賅外，從詩的生成和藝術構思方面看，它就是詩人"一刹那的感興"（周作人語）。台灣著名詩人洛夫先生則說，"詩，是一種邂逅，神和物的巧遇"。[62]這當然都是至理名言。我則向來認爲，如果說詩是詩人生命底蘊的外射，是詩人情緒流變一種文字定型的話，那麼，小詩便是瞬間情緒流變的協奏曲與靈思飛動時電光石火般閃射出來的吉光片羽。而這裡所說的無論是"刹那的感興"，還是"神和物的巧遇"，抑或"情緒流變"與"靈思飛動"等等，無一不是一種詩思運行的動態過程。它們的觸發點或驅動力，往往就是生活語匯中的一字一詞，或是一個原型意象、一種風物、一種景觀。詩人只要抓住它，把握它，再通過想像力的舒卷，詩可以說就成功了一半。這已勿須多說，劉小梅的創作實踐，已雄辯地証實了這是一種出奇制勝的成功經驗。

---

62 見向明：《新詩後 50 問》，洛夫序，台北市：爾雅出版社，1998 年‧第 2 頁。

　　語言策略之五，則是善於創造語意新穎、精警動人的詩句，作爲詩眼或統領全篇，從而讓人感受到她的詩有著深刻的哲理和睿智的思想內蘊。同時，她還善於運用打上自己個性印記的特殊句式，或藉著詞性變化、顛倒語序、大詞小用等言說手段，更爲動人的去表現詩人的情緒流變。

　　先看警句的創造。我們知道，在我們所讀到的幾冊詩集出版之前，劉小梅曾於 1996 年 9 月，出版這一本格言集《心靈開眼》。因此，可以斷言，創造警句，原本是她的拿手戲，或曰"獨門功夫"。而出現在詩裡的警句，則往往就是詩的"點睛"之筆，亦即"詩眼"。田間曾說，"警句像是詩的眼睛，明亮放光"。（《詩刊》1980 年，第 8 期）它有以一當十，以少勝多的妙處。並且，能給人們警策、新奇的美感。例如，"人際關係的安全系數是／距離"。（見《種植一株寧靜》，第 47 頁，《生活協奏曲》之 23）獨立出來就是一句蘊含著深刻人生體驗的格言。它不禁使人想起梁實秋先生的名言："笑臉是人際關係中可以通行無阻的安全証"。[63] 兩相比較，它們各標誌著處於不同時代、不同歷史時期、不同個性的人，處理人際關係的不同態度及招路。但它們都能發人深省並啓迪人們去思考，究竟應該怎樣去處理各自必須面對的複雜的人際關係。

　　再如，"想做官／就得跟著主流走"（組詩《戲說書房》之 15，見《雕像》，第 95-96 頁）；"'自由'昂貴得／令人不知該如何殺價"（《散場》，見《今夜有酒》，第 96 頁）；"歲月的笑容／依舊燦爛／只不過／它總懸掛在／遙遠的天

---

[63] 見"梁實秋小品"《雅致人生》，何乃清編，戶州：花城出版社，1991 年，第 245 頁。

邊"（《這個房間》，見《刺心》，第 111-112 頁）；"真理
總在閃光燈後哭泣"（《該感謝還是詛咒》，見《刺心》，第
157 頁）；"青春彷若播報完畢的廢棄新聞／眨眼即成歷史"
（見《刺心》，第 182-183 頁）；"愛情就像桌上密封的三明
治／由極度鮮美瞬間酸化"；"黃曆是永不改朝換代的聖旨"
（見《刺心》，第 191 頁）；"所謂成功／其實不過是／梅雨
季裡的一道曙光"；"失敗不過是畫布上一次疏忽的筆誤／失
戀不過是一首樂曲彈錯一個音符"（見《影像的約會》，第 64、
65 頁）……這些詩句，摘錄自劉小梅不同時期寫就的題材各不
相同的詩篇，儘管它們的句式各自有別，修辭方式亦各有風采，
但它們的共同特點，卻均為簡練、扼要，意涵深切而又精警動
人。若將它們獨立出來，另加標題，只要按完整的語意重排而
勿須增減一字，便完全可以視之為獨自成篇的格言，或為"獨
行體"抑或"雙行體"的微型詩。至於它們原本在詩文本中所
起的效用，我想已勿須再論。

　　還有另一種情狀，即整首詩若不分行排列，而是按句意將
它們連起來排列，就其思想的深刻精警而言，我們仍可視之為
格言式的警語，或者乾脆稱之謂"警語詩"，亦未嘗不可。例
如："孩子們在庭院／搶奪童年／勝負的獎品都是／一籃歡
笑"；"終宵傾耳／等待／您的腳步／一打盹／歲月已叫賣而
過"；（《紅塵速寫》之 9、之 15，見《今夜有酒》，第 37、
40 頁）。"剝開紅塵／看看／裡面包的什麼餡兒／／答案是／
空"（《痕跡》之 6，見《影像的約會》，第 43-44 頁）。"殺
人放火／以嘴／最好的消防政策是／沉默"（《生活協奏曲》
之 32，見《種植一株寧靜》，第 51 頁）。換言之，這幾首小

詩，實際上就是警策之語的分行排列。

　　筆者向來以為，詩中貴有驚人語，精湛警策方為上。詩有警句，能使人越千年尚覺新穎，曠百世同感共鳴。我國古典詩詞的創作實踐，完全証實了這一審美訴求的鐵律。晉人陸機（261-303）在《文賦》中曾說，"立片言而居要，乃一篇之警策。"警句的妙處，就在於它以"片言"而達到"居要"的藝術效果。大凡警言，往往都能視之使人眼明，聞之使人耳聰，味之使人口適，誦之使人動情。其產生往往出自詩人深刻的洞察力，精深的思想，獨特的感受和新奇的發現乃至傳神地表述以及善於熔鑄新語的藝術造詣。可喜的是，從劉小梅詩裡，我們清晰的看到她在這方面努力拼搏奮進的矯健身影！但同時我們亦深感遺憾，在偌大的華文詩壇，像劉小梅這樣的詩人芳蹤，著實難覓。

　　現在，我們來看劉小梅怎樣運用她所創造的特殊句式。詩集《今夜有酒》中收錄的《戀歌》之 8，這樣寫道："這才發現／連時間／都埋葬不了／對你千回百轉的思念／／惟將淚／典藏於／詩的皺紋裡"（第 23-24 頁）── 刻骨銘心的思念，久經時間長河的滌蕩，卻絲毫沒有減弱，足見其情之真，之痴。"惟將淚典藏於詩的皺紋裡"，明明是一句話，卻故意分成四行排列，而且單獨構成一節。這就與上節詩之間拉開了空間距離。這樣，便在舒徐和緩而顯得抑揚頓挫的節奏中，讓抒情主體的深情厚意在其間湧動流洩，讓人感受到其情確實纏綿悱惻，淒婉動人……

　　值得注意的是；這裡所使用的以"惟"字為標誌的句式，不論其分行還是不分行，都是劉小梅最喜歡運用的。而且使用時，她還往往將其置於分節詩的某一詩節之末，或作為某首詩的收束語。前者可以推進詩思的運行，並由其造成起伏跌宕之勢。而作為結句者，更多的表現力，可創造出"奇峰突崛"的藝術氛圍，從而致使全詩雖已戛然而止，但卻能給人以語斷意未絕而又耐人尋味的審美藝術享受。同時，還能誘引讀者去進一步掩卷沉思，放飛自己的想像翅膀，去深味詩的意蘊。

例如，我們在上文曾提及的《勝利者已將尾巴翹起》（《刺心》，第 92-93 頁），其副題是"為一隻喪權猴王而寫。"詩的第一節後三行寫道："在這渺無人煙的荒郊野外／能充飢的惟有／歲月"。全詩的結尾則是："…／在這飛鳥都沒興趣觀光的／窮鄉僻壤／惟一的慈善機構是／夕陽" —— 此間兩處使用的以"惟有"或"惟一"為標誌的詩句，看來似乎並無特別之處，然而，且慢！我們如果去仔細地加以玩味，便可發現其中奧妙之所在 ——

從邏輯方面說，（形象思維本身，亦絕對離不開邏輯思維！）它排除了其他方面的可能性，這就有利於充分顯示"喪權者"僅有的可悲下場和命運遭遇的冷酷與慘烈。而從現代詩重在創造意象而言，它則在飛動的意象中僅僅只擇取其中之一，這就能更集中的引導讀者依照並沿著抒情主體的思路，去展開聯想，或進一步拓展與升華詩思及其意蘊，而不致於產生較大的歧義。因此，這種句式，便打上了詩人劉小梅獨特的個性印記，成為劉小梅詩創作語言策略之重要環節。同時，這種特殊句式在劉小梅詩中，還往往具有警策動人的語言特質，將其視之為警句的創造，也未嘗不可。只是我們從語言策略這方面看，才將它另立門戶。

　　再如，“她惟一的資本是／天空”（《受虐婦》結句）；“在惟一使用者可以不必付費的烈日下／他的自尊被曬成一尾／缺氧的魚”（《牆外的失業者》結句。引詩分別見《今夜有酒》，第143、157頁）。還有像《最後一班公車》的結尾“我只好寬容地露出／久已遺忘技巧生銹的／一抹笑”（同上，第133頁）；《息影之後》則收束於“因爲他的財產僅有／安養院外那片免費可眺的／墓草”（同上，第149頁）。它們的區別，只在於更換了與“惟”字意義相近的標誌性的字詞而已。像這類句式，勿須多說，其功效當然是與前者異曲同工。

　　至於說劉小梅如何憑藉詞性變化、顛倒語序，以及大詞小用等言說方式與遣詞造句的技能，以更爲動人的去表現詩人的情緒流變，這實則是現代詩創作的常用技法，這裡就不欲多費筆墨了。但是，她非常善於運用泛政治化詞語，去描摹爲人們熟知的日常生活事物，頗值得一提。

　　例如，我們前面曾提及的《散心》一詩中的“興師問罪”。再如，同時收錄於《雕像》中的《六百個空格》裡的這類詩句：“黃瓜與花生勢不兩立”，“綠茶與檸檬的競選政見”，“洗碗精堅持要控告主人誹謗”，“菠菜與蕃茄都贊成／雙首長制”，“豆腐□芹菜與辣椒／挑戰一夫一妻制”等等。讀之，定能讓人忍俊不禁，甚而是令人捧腹呢。其中的奧妙則在於，它們足以激發讀者的聯想，在增強詩的詼諧與幽默感的同時，還能使人感到有一種出其不意的驚喜。

　　另請讀一讀《喪偶的胡琴》這樣一首並不算搶眼的詩吧：“與他私奔／是此生活得最轟轟烈烈的事跡／面對紀念室牆上琴師的遺照／她羞紅了臉／／玉潔冰清／是對他一生一世的承

諾／儘管該論調已如過時旗袍／任何非禮／都將被罪以／性騷擾"（《雕像》，第 151 頁）。—— 僅僅是一件很不起眼的琴師的遺物，經劉小梅信手寫來，卻變得煞有介事似的而且充滿盎然詩意。明明是一件極爲普通的樂器，卻化爲恰如"靜場"戲中一人獨演則照樣出彩的動態場景。這裡有談笑風生的戲謔之辭，亦不乏信誓旦旦的承諾之語；這裡有泛政治化的詼諧與幽默，更有著意象飛動的描摹與陳述。可以說，在緞造詩語這方面，詩人是頗費心力的。因此，就整首詩的審美愉悅感而言，它是通過綜合運用多種語言策略來完成的。劉小梅在這裡不著斧痕的經過幾組鏡頭的組接和鮮明意象的轉換，便爐火純青般熔鑄了詩的意蘊，並令人動容地感到：她遊刃有餘的藝術表現所形成的語言風格確爲 —— 清新明麗而又睿智深沉；素樸無華，卻能氣揚采飛。

　　尚須補充說明，我們所論析的種種語言策略，皆非孤立的單獨存在。它們多有聯係而相互滲透。運用時既可有所側重擇其一、二而用之，亦可通過各不相同的優化組合而"綜合利用"。大凡優秀或傑出的詩人，都能嫻熟地來加以把握，而且能使之達到鬼斧神工、造化天成的藝術高度。這猶如武林高手，十八般武藝是應該樣樣精通的。更何況，詩人本身就應是語言的創造者。能否抵達出神入化的高超境地，那就要看各自的功力如何了。而我們之所以將其分類來談，僅是爲了論說的方便、明晰而已矣。

（4）關於詩體建設

所謂詩體，顧名思議，當然是指詩歌的藝術體式。無疑，它屬於藝術形式範疇。而在長期的新詩創作實踐過程中，它往往遭到誤解、忽視，甚而莫明其妙的非難。因此，有必要再多說幾句。

人們清楚地知道，無論是作家還是詩人，都應有著高度的文本自覺和藝術自覺意識。對詩人來說，這種自覺意識首先便體現在對詩體形式的把握、運用和創建方面。這既是詩創作不可或缺的重要一環，也是審視一位詩人，看其能否使自己藝術個性得以充分張揚，主體意識能否得以最大程度彰顯的重要標誌。

同時，就詩的藝術本質而言，詩體形式，實際上就是詩人形象思維結構和感情結構形態一種文字化的定型。因此，任何藝術形式，或者說任何一種新詩體式，對作者來講，都既是羈絆，又非羈絆；對大師或高手，抑或藝術上成熟者來說，詩體形式或某種已經定型化的體式，反而能誘發和推動詩思的運行，並催化形象思維的萌動、形成乃至飛騰。這是為大量創作實踐所証實了的文學規律。

興許就是在這種意義上，歌德才說："不同的詩的形式會產生奧妙的巨大效果"。[64]梁宗岱先生則在他寫於 1935 年冬的《新詩底紛歧路口》一文中強調指出："形式是一切藝術底生命，所以詩，最高的藝術，更不能離掉形式而有偉大的生存"。又云："形式是一切文藝品永生的原理，只有形式能夠保存精

---

64 見《歌德談話錄》，第29頁。

神底經營，因爲只有形式能夠抵抗時間底侵蝕"。[65]

由此，我們在通覽劉小梅新詩創作之後，便不難發現，她是一位具有高度文本自覺和藝術自覺意織的優秀詩人。在詩體建設方面，她不僅有著清醒的認識，而且從某種角度來看，簡直可以說是不遺餘力的。例如，她在創作或者說運用"組詩"和"小詩"這兩類詩體來寫作方面，其成就之卓著，應該說那是顯而易見的。豈不是嗎？只要你打開她的詩集，無論是哪一冊，這兩種類型的詩都會讓你深深受到震撼。因此，對這兩類詩體，本文不欲再去多費筆墨。而對她所運用或自行創制的某些頗爲特殊的新詩體式，筆者還是不想輕易放過而必須加以著墨的。

首先，她善於利用句式的變幻與重組，以創制甚爲鮮見的新詩體式。這突出的表現在以下幾方面。

其一，藉用諸多鮮明可感可視的意象群，以擴充原本極其簡單的單句句式，來創制新的詩體。例如，"一名乳溝不夠明顯臀線不足以聳動異性欲望／從未想拍寫真集發財出名／每到周日習以爲常被扒得一絲不掛／站在幸虧擦得不太乾淨的玻璃窗內裸體示眾／看到社區巡邏警察／一點也不擔心會因妨害風化被逮捕或罰鍰／上次換裝時被扭傷胳膊／老闆不道歉也沒做出醫療賠償／不紋眉不豐頰不磨骨堅持服膺真理／茶餘飯後卻被顧客譏爲不合時宜／自知無論如何打拼也不會有什麼傑出成績／早已認命守分絕不易名改運的／模特兒。"

—— 這十三行詩，實爲《深淵》（Part II）（見詩集《雕像》，

---

[65] 分別見梁宗岱：《詩與真二集》，第 104、107 頁.

第 135 頁）的第一部分。別看它意象紛呈，文字較多，實則僅僅是無主句（省略了主語）“一名模特兒”的大幅度擴充。而全詩的後兩部分，連“一名”也予以省略。這樣，全詩雖未分章節，卻明顯的由三個“一名……模特兒”，經過最大限度擴充後的無主句，組合形成一首完整的詩篇。而這類建行組節的詩體形態，在新詩創作中是甚爲鮮見的。因此，爲了分類和記憶的方便，我們姑且名之曰：擴充單句建行組節體。（可參閱拙著《新詩大千》有關章節。）

其二，用同樣的方法擴充復句，亦能創制新的詩體。例如，《生活協奏曲》之 36：“雨聲凄清／是在爲寒冬配樂／還是在渲染地球的瘀傷”（見《種植一株寧靜》，第 52 頁）── 不難看出，這裡的四行小詩，實是由“……是……還是……”這樣的選擇關係復句經過意象性甚強的詞語填實或補齊而成。

再如《修改衣服的婦人》（見《雕像》，第 174-176 頁）一詩的前七節，（第一節爲三行，餘皆爲四行）全由“所謂……／於她／不過就是……”這樣的句式經過擴充而組建。它，既有規律可循，又變化有致，足以有力地推動詩思向前遠行。像這類建行組節的詩體形態，我們便稱之爲：擴充復句建行組節體。其效用則是既可用來創作單章獨節的小詩，亦可用以作爲“節奏單元”創制營構某一節詩；甚而將其鋪陳爲某首詩的主體詩行（即最主要部分）。

其三，擴充語法關係中固有的句子成分，如主謂結構、動賓詞組等，以創造詩體。這同樣可取得事半功倍的藝術審美效果。例如，“彩蝶飛舞著／從黎明到黃昏／／遊客憐惜地說／你能否休憩片刻／它說／我正忙著採集歲月的滋味”；“瀑布

傾洩著／千年之淚／／活著是因／仍未放棄追尋／一親岩石的
芳澤"；"瘦菊怒放著／她要竭盡所能以生命來安慰／秋的寂
寞／／今晚的盛宴／主菜是／美／特地邀我作陪"；"眼淚偷
吻著／住在臉上夜不閉戶的毛孔／對於她們的驚慌失措／他再
三解釋／絕無犯意／只是　一時忍不住而／聞香下馬。"（錄
自組詩《生活協奏曲》，第 9、16、26、52 樂章。見詩集《雕
像》）

　　—— 無論是把它們看作各自獨立成篇的小詩，還是將其視
為組詩的一章、一節，我們都能深切感受到它們的意象和整體
意境均有著動人的魅力，簡直可說是"美的盛宴"了。若再去
仔細審視它們的結構方式，便不難發現，其第一行均由構式固
定的句子成分即"主謂結構"來加以構建。這樣，便引出此後
詩意或場景的擴充與舒展。尤為難能可貴的是，整個組詩共分
52 樂章，皆按此方式來建行組節，卻因有著詩行的數目和長短
有別，加之有的分節，有的不分節，讀起來一點也不會感到板
滯。因此，就整個組詩而論，我們可以名正言順地稱之謂"主
謂結構領起建行組節體"。

　　再如《研究報告》（見詩集《今夜有酒》，第 118-120 頁）
一詩，除開頭一節"嚴僅地撰寫一本論文／標題是／你"和結
尾"丹桂飄香時／交稿"外，中間一部分，即主體詩行共 24
行，則全部由諸如"精讀／你的表情"、"拍攝／你的靈魂"
這類由動賓詞組營建的短語並置而成。它們分成 12 組，整飾有
致地排列在一起，讀起來不僅節奏感強烈，而且頓顯得詩思洶
湧澎湃；筆墨酣暢淋漓，揮灑自如，一氣呵成。從詩體結構方
面說，其主體詩行，則可視之為"並置動賓詞組建行組節式"。

與前類體式相比，它們既有共同點，又各自有別。

其次，劉小梅還很善於將某些關鍵性的字詞放置於詩行的關鍵部位，以營造詩行，並進而創制藝術特色同樣鮮明的新詩體式。這表現為——

①在《假如我飾》一詩中，作者連用九個"假如"，冠於詩行之首；而《蘸滿聲音的夜》中間一節，則連用六個"一"字，領起詩行。（分別見《刺心》，第 169-170、175-176 頁）如果說這還不算顯眼的話，那就請看收錄於《今夜有酒》中的《瓷碗的一生》。其最後一部分主體詩行，便由 22 個"沒"字打頭營建。而且各詩行又以對襯句式和長短句錯綜交織造就，讀之仍顯得跌宕起伏，其勢如江河奔流，一洩千里。而這種營建詩行的方式，我們毫無疑問地稱之謂：同字（詞）領起建行體。（按：可參閱郭沫若《天狗》一詩之建行範例）

②就人的思維方式和它的運營規律看，既然有了將同一字詞置諸詩行之首的舉措，當然也就必定會出現將其置於行末的變體。例如《一勺油》（見《刺心》，第 96-97 頁）的主體詩行，計 16 行，全以"不能節省"收束，便是典型的同字、詞作結建行式。而《影像的約會》詩集中《廟覽》（見第 118 頁）共 12 行，其中一、二兩行實屬一行拆排，最末兩行亦是稍作變奏，實則均為"住在廟裡"作結。

再請看，詩集《今夜有酒》中的《訣別書》一詩。該詩首尾兩節為"仍然繳了白卷／有關訣別書"的同語反覆，而中間六節，則全由"是與…訣別／還是與…訣別"表示疑問的選擇關係復句構成。——就每一行的建構方式說，它誠然是地地道道的"同字（詞）作結建行體"。但就其兩行為一節的構式而言，它又可稱作"奇偶詩行同字（詞）領起式"。（即奇數詩行由某個同一字、詞開頭；偶數詩行，則由另一相同的字、詞領先，這樣交叉進行，以組建詩行。）

③據以上兩項推理，在詩行構建方面既然可用"同字（詞）起句法"，又可用"同字（詞）結句法"，那麼，二者兼用，當然亦在可行之列。對此，劉小梅可說是深知其中之奧義的。請看《雕像》中一首題為《名人》的詩，（見該書第 131-134 頁）全詩共分 11 節，其中第五至第十節，（每節四行）計有 24 行，全以"被…近"這樣的句式出之。也就是說，它們的開頭全用"被"字領起，而行末又全以"過"字收束。（中間全部使用主謂結構各不相同的詞語嵌入）此類行式的構築，便自然形成"同字（詞）領起、作結交並式"。為避免"名目繁多"或"巧立名目"之嫌，稱其為上述二式之"變體"亦可。

就形象思維結構方式來考察，依照上述三種基本形態，通過變異，尚可派生出其他一些與之有關的"特式"，或者說"變體"。── 我們在上文提及的"奇偶詩行同字（詞）領起式"，便是可另立門戶的"別裁"。

而《雕像》中的《你的影子正向我走來》（見第 59-61 頁），共有 36 行，除最末兩行係由詩題拆排外，其餘各行全用"在"字打頭；其中有 16 行以"時"字收束，還有緊跟著的八行及隨後四行，分別以"中"與"間"作結。比較而言，則可視作"同字（詞）領起、作結交並式"的另一變體。（多種節奏形象並置！）

再看收錄於《影像的約會》中的兩首詩。其一，《日子就這麼過》，全詩共 60 行，且不分節。每行皆以"讓…繼續在…"

句式構成，（僅最後兩行，將"在"字改爲"與"字）就是說，這種形態，除堪稱典型的"同字領起建行體"外，它還另有特點，即每行的腰椎均由同樣詞語植就。該怎樣爲之命名呢？爲博一哂，讀者諸君，就悉聽尊便好了。其二《摩天樓的千禧夢》，計52行，奇數詩行皆由"也想"冠首組建，偶數詩行則全以小括號括之。其構式兼具同字（詞）領起建行與奇偶詩行同字（符）領起建行之綜合特徵。若無以"命名"，（因命名宜簡忌繁）就乾脆統稱之謂"同字領起建行體"之"變式"吧。誠然，此類詩體，依照思維規律，還能變出各種花樣來，這裡就不去細說了。

再者，劉小梅還甚爲注意詩節的建構，並試圖探索出具有規律可循的某些途徑來。因爲除獨章獨節體外，畢竟大部分詩歌都是分章分節的。因此，詩節的營造便顯得十分重要。即使對所謂的自由體詩來說，亦同樣如此。

其一，詩集《雕像》中，有一首《豆漿店老闆》，共分六節，前四節各爲兩行，後兩節各分三行，但每節詩卻均以"問他"一詞作爲啓始。顯然，這是同字（詞）領起建行體的拓展。它由用之組建詩行，擴大而爲組建詩節。再如，《剖食一隻雞的心情》（見《雕像》，第56-58頁），除首尾兩節係同語反覆造成回環美之外，其餘各節儘管節式有異，但卻用了八個"吃你／就像吃…"提攜語冠之於節前或行首，從而造成節奏單元，既變化有致，又顯得異彩紛呈，推動著詩思的延展與升騰。但從構式方面看，二者卻甚爲類似。

其二，若將用於領起的相同字、詞和提攜語，轉換成具有完整意義的語句置之於每節詩的第一行，那它就會成爲"同語領起建節體"。例如，詩集《影像的約會》中的《周末 2100》：
"好不容易／擺脫忙碌的糾纏／／好不容易／爭取到相思的折
磨／／好不容易／獲得孤獨的允准／／好不容易／申請到流淚
的執照／／破碎的心／撒滿一地／這是刻意對／夜／找碴"。
本詩的前四節雖然全是無主句（省略主語），但均讓"好不容
易"這一充當狀語成分的詞語獨自成行，藉以強化描摹之態並
促使詩思波浪似的向前推進，以便全詩在收束時來它個奇峰突
崛後的戛然而止，倍增其藝術感染力。這是極爲顯見的事實。

　　——沿著這種構建詩節的思路，再請看以下諸式：

　　1）《種植一片森林》（見《今夜有酒》，第 126-127 頁）
分三節，各節行數不等（分別力 8、7、4 行），但頭兩行均以
"種植一片森林／於腦中"肇始，再藉以引出此後的詩行。就
是說，與我們所界定的"同語領起建節體"基本式樣相比較，
它故意將同一語句拆排成兩行，如此以造成區別。

　　再看，《並無不實廣告》一詩（見《雕像》，第 170-173
頁），它共分十節，除一節爲六行外，餘者分別爲四行或五行。
每節之第一行皆是"其實並無不實"。這樣看，它當然是典型
的同語領起建節體。然而，仔細觀察後便可發現，它的前九節
實際構成式乃爲："其實並無不實／它只是將…／廣告成…"
就是說，其構式除以同一語句領起詩節外，還有其他詩行，儘
管所在位置不完全相同，卻也以相同的詞語冠之於詩行首部，
來進行組建。因而，就其實質而論，它的結構形態，乃是同語
領起建節與同字（詞）領起建行兩種不同方式的綜合運用。僅
此微妙的變異，便使它成爲一種"變體"。

　　2）讓我們先共同讀讀這首題爲《爭如不見》的詩："爭如

不見／才能騰出全部的心／追蹤雪的迢遙千里／在排笛的响導下／／爭如不見／才能騰出全部的心／擁吻梅的冰肌玉膚／在琵琶的媒介下／／爭如不見／才能騰出全部的心／貪婪夜的綽約風姿／在揚琴的撩撥下／／爭如不見／才能騰出全部的心／聆聽老的步步進逼／在時鐘的挑唆下／／爭如不見／才能騰出全部的心／赫然發現／離別竟是如此回味無窮／寂寞竟是如此美不勝收／成功竟是如此微不足道／頹廢竟是如此價值連城／對於一個詩人／／爭如不見／才能騰出全部的心"（按：前四節的末行前均空出兩格，恕未能標出。引詩見《今夜有酒》，第 121-123 頁）。

　　—— 不難看出本詩的整體結構著實堪稱匠心獨運。除每節均以"爭如不見／才能騰出全部的心"作爲前導，藉以構成"同語領起建節體"的變式外，它還特意將此兩行獨立成最末一節，從而造成首尾回環的韻律美，以收束全詩，並強化了全詩的音樂性。同時，它尚有下列特點：其一，前四節詩每節最後一行皆以"在…下"（實與上一分句倒置）作結，而且於其間有意嵌入幾件樂器名，（"時鐘"雖非樂器，卻能使人想起古之"編鐘"！）頗惹人注目。尤其是在結構方面，這四節詩，完全形成較爲典型的"詩節對應式"。其二，詩的第五節，插入四行皆由"竟是如此"爲之"撐腰"的排比句來加以鋪陳，從而改變了詩的節奏單元，致使原本舒徐流洩的旋律，頓生波瀾，別增一番五音繁麗的多彩風姿。其"體式"之美，遠非一言所能囊括。

　　3）同時收錄於《今夜有酒》中的《颱風，東北東》，其結構形態又呈現另一種風采。它共分五節，首尾兩節均以"罪過地被放了一天／名實不符的颱風假"作爲開端（實爲一個完整詩句，拆排成兩行），稱其謂同語領起建節體，當然可以。但這兩節詩的後面詩行卻變化較大 —— 既有同語反覆，又在行數和行式方面變化有度。

更值得注意的是，中間三節詩。它們的構式爲："做什麼好呢／…吧／這會不會也是一種嚴重的不道德／在這人人都忙得快要斷氣的年代／噢□不／即使…／也得讓那些…的…／彷彿很忙地被…著"（見《今夜有酒》，第 125-129 頁）即每節詩的 1、3、4、5 行，均是"同語反覆"，僅第 2、6、7、8 行，稍作某些詞語的調整，以營造節奏形象幾乎完全一致的詩行，（此三節詩，僅有首節第七行多安排一個"音頓"。）從而造成詩意和情緒流變的復沓，乃至節奏形態的回環往復。

尤其是"在這人人都忙得快要斷氣的年代"一語多次出現，（出現在全詩第一節時，減去一個"都"字；放置在最末一行時，改爲"在這人人都忙著卡位的年代"！）更強化並酣暢地宣洩出詩人的憤懣之情。—— 因此，就中間這三節詩而言，它既是"同語領起建節體"，又是"同語反覆建節式"。當然還可以認定爲"詩節對應體"。就其整首詩來說，它無疑是上述多種詩體的綜合運用。

4）還有這樣一種"變式"。你瞧，《今夜有酒》（見同名詩集，第 114-117 頁）一詩，僅"今夜有酒"這一詞語，便自成單行獨節，五次穿插於整首詩中。它後面各帶出或長或短的別樣詩節。（長的多達 14 行；短的僅有三個字，即全詩結句"能醉否"！）再看《臺北的天空》，（見《影像的約會》，第 157-159 頁），其中"天空閑著"這個由主謂結構組成的短語竟五次自成獨立詩節，後面各跟著均由五行詩組成的一節詩。惟獨在全詩結尾處，它才和其他三行詩組成新的詩節，改變了原有的面目。因此，我們同樣將其視爲"同語領起建節體"的一種變式。

　　而像《一塊廣告招牌即將墜落》這樣的詩（見《影像的約會》，第 178-179 頁），僅作爲詩題的這一句，便五次出現在大體相同的位置上。（按：原詩第四節爲八行，依照詩意的抒寫，應分成各以"一塊廣告招牌即將墜落"領起的兩個詩節。原詩排印可能有誤。）同時，尚有"它彷彿正在思考"一句，三次穿插於詩行之間。因此，這種結構方式，若不稱其謂某種詩體的變式，就叫它"同語穿插建行組節體"亦雅。

　　此外，劉小梅的高超之處及其藝術功力的深厚，還表現在她善於變異某些修辭格，使之不單單是爲了修飾語言，以增強美感，而是將它轉化並提升爲某種獨特的思維運行方式，並藉以去創制某些新詩體式。此前，我們在上文中已有所提及的諸如鑲嵌、鋪排、對應以及迴環復沓等等，這裡，我們暫且不擬再論。但對一些並非常見的變革方式，卻又不能不說。

　　其一，請看這樣一節詩："羨慕乞者／他至少還擁有一縷清風／羨慕女侍／她至少還擁有一抹口紅／羨慕殘花／它至少還擁有一株孤松／羨慕落雨／它至少還擁有一卷詩評"（《擁有 — 爲一名遭受三代暴虐的婦女而寫》，見《刺心》，第 98 頁）— 它固然可看作奇偶詩行同字（詞）領起建行體之變式，但那樣未免顯得繁瑣。較簡易的稱呼，應爲"扇對建行體"。即奇數詩行與偶數詩行，各自相對應，（這裡的詩行，還呈現爲詞語重覆）。— 同類型的構式，還可參閱《刺心》中《正等著它》一詩的第二節。（按：亦可將此二例，理解爲是對原本鋪陳排比的長句，進行分切所致。）

其二，由詩行的扇對發展而爲詩節的交相對應，當然也就能自成一體。你瞧，"甚至不敢請太陽到家裡坐坐／因爲／這裡沒有地毯／也沒有午餐／／輪椅啊／走／到門口看看／孩子們今天又帶回什麼樣的／餘菜剩飯／／甚至不敢請玫瑰到家裡聊聊／因爲／這裡沒有紅酒／也沒有池畔／／輪椅啊／走／到窗口看看／咱們惟一能借貸的只有／那片藍天"（《這個房間── 爲一個受傷癱瘓的男子而寫》，見《刺心》，第 110-111 頁）──

讀後，你自會感到對它既有些眼熟，卻又頗爲陌生。說是眼熟，那是因爲筆者在上文中曾提及這首詩，並引錄其最後一節那幾行頗顯警策的詩句；還因爲它在詞語反覆及某些詩行的構建方式上，與我們此前所論某些體式有類似之處。說是陌生，則是因爲據前所論來對它加以認定，畢竟不盡相像。那麼，對它又該如何進行辨別呢？你瞧，它最爲顯眼的特徵，便是一、三兩節完全對應；（亦可視爲 "變式疊唱"。）二、四兩節，則基本對應。（前三行僅更換一字，後兩行的句式和詞性則有所變異。）因此，若爲之命名，我看還是叫做 "扇對建節體" 爲佳。（按：若有興趣，亦可將其與詩集《刺心》中的《嘆十聲》一詩的前四節構式形態相比較，看看它們各應屬於哪種體式。）

其三，尚有一種自 "同語穿插建行組節體" 衍化出來的詩體。其特徵不是以同一行詩穿插其中，而是以同一節詩穿插於整首詩的結構之內。例如，《沒有你的夜》（見《刺心》，第178-181頁；其中某些詩句，此前亦曾援引。）開篇這樣寫道：

"雨說／你是我的情人／你是 —— 我的情人嗎？"（按：劉小梅的詩，極少使用標點符號，此處應是特殊的例外！）—— 顯然，後兩行標點與用於句末表示疑問的語氣助詞"嗎"字外，它是典型的同語反覆，但經由詩人對其停頓位置和語調、語速的"微調"，讀起來的感受可就大不同於一般的復杳與疊唱了。誠然，就其情緒流變及表述方式而言，亦產生了微妙變化。倘若說這節詩的建構，本身已值得去細心加以玩味的話，那麼，經過稍事變異和調整，再讓它兩次出現於詩中，豈不更耐人咀嚼？

可不是嗎？你看，對它梅開二度時，僅將其第三行的破折號，提升到主詞"你"字之後，這就改變了原有的讀法，從而藉以突出各不相同的所指對象。而當它第三次出場亮相時，除保持第二次露臉時的美艷秀逸之風神外，其前又加了句英文（Are you lonesome tonight?）這樣的穿插語。（按：意謂"今夜你孤獨嗎？" —— 它也被三次穿插入詩，用這種"畫外音"似的旁白，以增添詩的妙趣，並強化對藝術氛圍的渲染！）但歸根結底從整首詩的構式方面說，我們不妨稱之謂"同詩節穿插分章體" —— 因為它三次出現，均被置於每一部分之首位，這就自然將全詩分為三章，儘管它未明確標出。

再如："寫於 2004 年台灣'總統'大選後"的《涓滴》，（見《刺心》，第 197-200 頁），它共分 10 節，計有 54 行。每節詩行數不一，多者為九行，少者只有兩行，至於各行詩的字數更不相同。這當然標誌著它屬於典型的"自由體"。但它在結構形態方面，卻也有著自己的規律。有這樣幾句詩出現在第三節的位置上："說到激動處／狠狠一刀／我的右首一撮秀

髮／應勢落地”。將“右”字改爲“左”字，“應勢”前增添
一個“又”字，便成了全詩的第五節。再將“左首”換成“頂
端”，並將末行改爲“再度被斬”，即佔據了整篇的第七節高
位。由此，將全詩自然分爲四章，於幽默詼諧的語言氛圍中，
成功地刻畫出理容院髮姐的音容笑貌及鬱鬱不悅的憤懣情懷。
由此，還折射出 2004 年台灣大選給當地帶來的族群撕裂並給民
眾生活帶來了困境和諸多的無奈。但就整首詩結構而言，它與
《沒有你的夜》則甚爲類似。略有不同的是，前者將標誌分章
的詩節置於每章“前哨”，位置，而後者，卻成了前幾章的“殿
后”。

其四，我們再共同來讀讀這首題爲《吃茶去》的短詩：“提
著一袋重重的／愁／到茶園納涼／風兒忙來送吻／它不嫌貧／
／我把一顆冰心／泡在熱茶裡／愉悅地飲著／旁人難以窺伺的
／冷／／薄薄的太陽急著下山／我也只好起身離去／提著一袋
輕輕的／雲”（見《種植一株寧靜》，第 131-132 頁）這裡，
最爲搶眼的恐怕要算是首尾幾行了。尤其是最後“輕輕的／
雲”，顯然係從“重重的／愁”化出。但它的靈動飛揚之勢與
前者鬱悶下沉之狀，形成了鮮明的對比與反差。而將原爲仄聲
字的“重重”更換爲平聲字“輕輕”，加之它還與後面的
“雲”字同韻，雖同是疊字辭格的運用·但讀起來所感到的韻
律美及其整體性的音樂美，卻頗有區別。因此，這種微妙的變
異，還使得用同樣語句造成首尾詩行回環疊唱的體式，頓時化
爲“首尾詩行變式回環體”。

再如，《到山裏採雲去》，（見《種植一株寧靜》，第 109-110
頁）三節，二十行。開頭一節爲“到山裡採雲去／拜訪／山坳

裡的小木屋／銀髯白髮的老公婆／輕輕 貓一般的腳步／別驚醒他們／粉紅色的午寐" —— 經刪削，改變它的節奏形態後而作為全詩的收束："到山裡採雲去／輕輕 貓一般的腳步／噓 —— ／別驚醒他們／粉紅色的午寐"。—— 雖係悼詩，（按：指悼念瘂弦夫人張橋橋女士）卻不讓自己的悲痛之情藉以宣洩，而是選擇別樣的角度，且以"首尾詩行變式回環體"出之。就整個立意和造境策略看，它更具有古代"遊仙詩"的風味，這卻是不言而喻的。

至於像《不只是靜靜坐著看花》和《煩惱之表述》（分別見《種植一株寧靜》，第 177、167 頁）這類詩，因其結尾一節，完全是開頭一節詩只字不易的重覆，那便是典型的"首尾復唱體"了。若中間的詩行，在建行組節方面另有顯著特點，我們就稱其為"首尾復唱與…交並運用式"，或者"…之變體"好了。凡此種種，此處不欲多費筆墨。只是尚有一點，還必須提及 ——

就是這類詩體的建構，往往都涉及到回環往復。但這裡出現的回環往復，已遠非僅僅只是為了給語言文字以修飾或潤色，那種修辭學意義上的回環往覆。它實際上，已成為形象思維結構和詩人情感流變的獨特結構方式。或者說，他們已成為詩人藝術構思營運形態之某種"定式"。推而廣之，凡是能夠形成定型化之詩歌體式者，都當作如是觀！—— 這是否會被那些固執的修辭學家和語法學界的專家學者，質疑為在與他們爭奪"領土"和"管轄權"呢？我看，有很大的可能。不過，結果他們只能是向隅而泣！

總之，不難看出，有關詩的體式，或著眼於建行組節，以營造詩的建築美；或著重於營造節奏的變化與和諧，以增強詩的音樂美；抑或，更多的表現爲某種思維結構和感情結構的定型，以誘發並推動詩思的運行，催化形象思維的飛騰。此外，劉小梅的創作實踐，還使我們清晰可辨 —— 其一，她爲新詩的語言寶庫，提供了新的質素和新的庫存。其二，作爲語言藝術的詩，它所運用的語言，較之其他文學門類，更爲千姿百態，豐富多彩。其三，詩創作毫無疑問應側重運用形象思維，但從藝術構思和實施語言策略的整個進程方面看，絕對離不開邏輯思維。尚須說明，有關詩體的運用和創制，原本可納入語言策略去談，只是因爲深感現代詩壇對其甚爲忽視，才將它專列一題並展開論析。 —— 誠然，對於諸如此類的詩學理論命題，還有待於去進行更加深入地研究與探索，那已非本文力能所及矣。

至此，我們已清晰瞥見劉小梅的身影。她以自己善於選材，精於藝術構思，講究語言策略和注重創制詩體等獨特風采，展示出她固守生命寫作的高潔與絢麗。"縱浪大化中，不喜亦不懼。"（陶淵明：《神釋》）劉小梅完全可以憑借她現有的幾部詩集，憑借她"操千曲而後曉聲，觀千劍而後識器"（劉勰語）的雄厚藝術功力，昂昂然邁入華文詩壇重要詩人的行列。不信，你瞧！她正信手拈來生活圖景，去和自己的靈魂繾綣；她亦在低吟淒楚的慢板，去吻醒病入膏肓的地球。呵，暗香疏影中，她拎著受傷的地球疾步走來！正前方，正是專供大詩人棲居的金碧輝煌的聖殿。